Angelika Kallwass

Stark gegen die Angst

Angelika Kallwass
mit Caroline Rusch

Stark gegen die Angst

... wir finden einen Weg

Kreuz

Immer wieder: Für Wolfgang, Teresa und Olivia,
deren Gegenwart mich glücklich macht.

Danksagung:
Mein Dank gilt allen, die mich geistig und seelisch unterstützt haben, vor allem Dr. Caroline Rusch, Diplompsychologin Daniela Wiesemborski und Heike Neumann, einer Lektorin mit viel psychologischem Feingefühl, Humor und Geduld.

Inhalt

Vorwort

Angst gehört zu den unangenehmen Gefühlen, die wir im Allgemeinen eher vermeiden möchten. Sie erzeugt eigentlich nur dann ein angenehmes Kribbeln im Bauch, wenn wir gleichzeitig genau wissen, dass nichts passieren kann – etwa bei einer Achterbahnfahrt. Sich vor anderen ängstlich zeigen möchte niemand, denn Ängstlichkeit gilt als eine Schwäche und wird mit mangelndem Durchsetzungsvermögen, Entscheidungsunfähigkeit und fehlendem Biss gleichgesetzt. Angst ist in unserer Gesellschaft ein unerwünschtes Gefühl.

Dennoch kann Angst nicht grundsätzlich als etwas Schlechtes angesehen werden, sie ist ein notwendiger Teil unseres Gefühlslebens: Als Warn- und Alarmsignal vor äußeren Bedrohungen und inneren Störungen hat sie eine durchaus nützliche Funktion. Um unser Überleben in der modernen Zivilisation zu sichern, müssen wir geradezu lernen, uns zu fürchten: So hat ein Kind, das nicht gelernt hat, ein herannahendes Auto als gefährlich zu erleben, nur äußerst geringe Überlebenschancen im Straßenverkehr. Neben dieser sinnvollen Angst, die wir erlernen müssen, gibt es eine Angst, die den Menschen instinktiv gegeben ist und ohne die unsere Gattung wahrscheinlich schon längst ausgestorben wäre: Ich spreche von der Angst vor Naturkatastrophen, wilden Tieren und ähnlichen Gefahren, die die Menschheit schon lange begleiten. Auch diese Angst ist nützlich und notwendig.

Angst kann man vor ganz verschiedenen Dingen oder Situationen haben, die jeweils unterschiedliche Reaktionen hervorrufen können. Was genau macht die Angst zur Angst, wie lässt sich dieses Gefühl definieren? Es ist zunächst einmal von der Ängstlichkeit und von der Furcht zu unterscheiden: Während die Ängstlichkeit eher ein Persönlichkeitsmerkmal als ein Gefühl ist, stellt die Furcht eine Gefühlsreaktion dar, die auf einen bestimmten Gegenstand oder eine Situation gerichtet ist. Die Angst dagegen ist eine unbestimmte und gegenstandslose Empfindung, die in der Regel über einen längeren Zeitraum anhält. Angstgefühle setzen sich aus seelisch-körperlichen Erlebnissen zusammen, die sich meist auf den Brustraum und den Hals konzentrieren. Typische Angstsymptome sind weiche Knie bzw. Beine, Schwindel und Benommensein, das Gefühl von Druck und Beengtheit in der Brustgegend, Zittrigkeit, Mundtrockenheit, Atemnot sowie ein allgemeines Schwächegefühl.

Diese oder ähnliche Empfindungen dürfte jeder von uns schon einmal erlebt haben. In bestimmten Situationen sind die genannten Symptome auch durchaus normal und angebracht. Wann aber kann eine Angstreaktion noch als »normal« gelten und ab wann ist sie als »krankhaft« einzustufen? Angst wird zur Krankheit, wenn sie auffallend stark oder lang anhaltend ist, wenn sie ohne Bedrohung auftritt und wenn sie subjektiv unerträglich wird und dadurch das Leben stark einschränkt. Hat die Angst entsprechende Ausmaße angenommen, lässt sich von einer Angststörung sprechen, die in vielen Fällen eine Behandlung erforderlich macht. Wie kommt es dazu, was macht die Angst zur Krankheit? Häufig gehen Angsterkrankungen auf seelische Konflikte zurück, daneben gibt es aber auch körperliche Ursachen, z.B. den Missbrauch von Medikamenten, Alkohol oder sonstigen Drogen. Seelisch bedingte Angststörungen können unterschiedliche Formen annehmen: Ständiges Grübeln und Sorgebereitschaft, eine dauerhafte innere Unruhe sowie ein hohes Maß an Erschöpfbarkeit können auf eine Angsterkrankung hinweisen. Krankhaft sind ebenso Panikzustände, die sich in schweren Angstanfällen ohne äußeren Anlass oder körperliche Ursachen äußern. Die dritte Form der seelischen Angststörungen sind phobische Ängste, d.h. Furchtattacken, die in bestimmten Situationen bzw. angesichts bestimmter Tiere, Objekte oder Personen auftreten.

Wir versuchen, der Angst aus dem Weg zu gehen und sichern uns gegen eine Vielzahl von Gefahren und Bedrohungen ab, dennoch leben wir in einem Zeitalter der Angst: Angsterkrankungen nehmen immer mehr zu. In Deutschland leiden fünf bis zehn Prozent der Bevölkerung an krankhafter Angst. Neben Depressionen sind Panikzustände und Phobien die seelischen Störungen, die Menschen heutzutage am meisten belasten. Beruhigender Weise gibt es jedoch Auswege aus der Angst, auch wenn sie für die Betroffenen manchmal nur schwer zu erkennen sind. Der erste Schritt zur Bewältigung von krankhafter Angst besteht darin, zu erkennen, dass man an einer Angststörung leidet. Die wichtigsten Symptome eines gestörten Angstempfindens habe ich bereits genannt. In einem zweiten Schritt muss der Betroffene akzeptieren, dass er an einer Angststörung *erkrankt* ist. Hat er seine Krankheit erkannt und akzeptiert, sollte er bei einer kompetenten Person, d.h. bei einem Therapeuten, Hilfe suchen.

Die Behandlung der Angsterkrankung kann sich auf mehrere Ebenen erstrecken. Der Therapeut kann zunächst durch Informationen über die Krankheit und ihre Hintergründe sozio-therapeutische Korrekturen in der Familie oder im Freundeskreis des Betroffenen vornehmen. Oftmals kann durch Veränderungen im sozialen Umfeld das Angstleiden des Kranken gemildert oder beseitigt werden. Die Psychotherapie bietet dann verschiedene Behandlungsmöglichkeiten an: Verhaltenstherapeutische und tiefenpsychologische Verfahren und Traumatherapie haben sich dabei je nach Art und Ausprägung der Angststörung als besonders effektiv erwiesen. Auch körperliche Aktivitäten, also Sport und Bewegung im Alltag, können hilfreich sein, indem sie Angst abbauen. Sinnvoll ist ebenso das Erlernen von Entspannungstechniken, die in akuten Angstsituationen beruhigend wirken und allgemein die Angst fördernde Anspannung mindern. In manchen Fällen empfiehlt sich auch eine medikamentöse Behandlung. Diese sollte jedoch immer zeitlich begrenzt sein, da sie lediglich Linderung verschafft, aber nicht die Ursachen der Angst bekämpfen kann.

Für alle Behandlungsmöglichkeiten gilt, dass die Heilungsaussichten umso besser sind, je früher die Krankheit erkannt, je gezielter sie behandelt und je konsequenter sie durchgehalten wird.

Angstkranke fühlen sich häufig mit ihrem Schicksal allein und wissen nicht, dass ihr Leiden mittlerweile weit verbreitet ist. Dass die unterschiedlichen Phobien und Panikzustände keine Einzelfälle sind, sondern bei Menschen aller Berufs- und Altersschichten vorkommen, möchte ich Ihnen, liebe Leserin, lieber Leser, anhand der Fallbeispiele in den folgenden Kapiteln zeigen. Auf diese Weise sollen die Geschichten der Frauen und Männer anderen Mut machen und Wege aus der Angst erkennen helfen.

Angelika Kallwass im September 2004

1 *Die soziale Angst – Alle beobachten und bewerten mich*

Was ist nur mit Susanne los? Immer wieder sagt die 25-jährige lange geplante Verabredungen in letzter Minute ab. Ihre Freunde wundern sich allmählich, oder besser, sie machen sich ernsthafte Sorgen. Auch früher schon war Susanne nie das, was man auch nur entfernt »the soul of the party« hätte nennen können – aber seit längerer Zeit sieht man sie überhaupt nicht mehr unter Leuten.

Zu welcher Gelegenheit auch immer man Susanne einlädt: Sie sagt zuverlässig ab. Unter – so finden es jedenfalls die Freunde – ziemlich durchsichtigen Vorwänden. Schon auf früheren Partys konnte Susanne nicht erscheinen, ohne vorher etwas getrunken zu haben. Sie war immer angespannt. Mit verkrampften Händen und in unbehaglicher Haltung saß sie schon im Tanzkurs und wirkte ängstlich und schüchtern. Doch seit einer kurzen Beziehung zu einem gewissen Bert war ihr Rückzugsverhalten noch wesentlich schlimmer geworden.

Alle schauen mich an, was ich falsch mache

Schade, dass ich nicht dabei bin, denkt Susanne währenddessen auf ihrem Sofa. Doch keine zehn Pferde brächten sie aus ihrer Wohnung. Bestimmt würde ihr wieder übel oder sie zitterte. Außerdem würden sie sie alle bestürmen, doch mit in die Toskana zu fahren. Und dann wüsste sie wieder nicht, was sie sagen sollte. Ihr reichte schon das Herzflattern im Büro, wenn sie nach ihrer Meinung zur Rentenreform gefragt wurde. Das war wirklich ziemlich lästig, auch diese ständigen Schweißausbrüche. Was das wohl sein mochte? Der Blutdruck? Jedenfalls musste sie komisch gewirkt haben, weil sie plötzlich alle im

Raum angestarrt haben. Am liebsten wäre sie im Erdboden versunken.

So in etwa dürfen wir uns Susannes Gedanken vorstellen.

Die Angst vor der Beurteilung

Susanne leidet an einer sozialen Phobie. Dies bedeutet laut der Weltgesundheitsorganisation (WHO) eine Angst vor oder Vermeidung von sozialen Situationen, bei denen man im Zentrum der allgemeinen Aufmerksamkeit stehen könnte und die Befürchtung hat, sich lächerlich zu machen, zu versagen oder durch ungeschicktes Verhalten gedemütigt zu werden. Diese Ängste, an denen immerhin 8-13 Prozent der Bundesbürger einmal im Leben leiden, sind nicht zu unterschätzen: Sind sie doch neben Alkoholmissbrauch und depressiven Störungen die häufigste psychische Erkrankung. Sie können auch der Auslöser für Alkohol- oder Medikamenten-Missbrauch sein und gehen oft mit Depressionen und Panikattacken einher. Bleibt dies unbehandelt, so kann eine Einstiegsstörung zu schweren psychischen Störungen fungieren.

Verschiedene Typen sozialer Ängste

Jeder Mensch kennt natürlich das Lampenfieber, das vor einer Theateraufführung, einer Rede oder einer Präsentation, für zittrige Hände und eine nervöse Blase sorgen kann. Doch Lampenfieber bekommt fast jeder Mensch, selbst der Profi auf der Bühne kennt sie in dem Moment, wenn der Vorhang sich öffnet. Bleibt das Lampenfieber in einem zu bewältigenden Rahmen, so ist das ein aufregendes und nicht zuletzt produktives Gefühl, von dem man weiß, daß man es nach einer Weile überwunden haben wird.

Wenn aber eine Prüfungssituation, die Präsentation oder die Rede zum Geburtstag des Chefs in uns eine solche Panik verursachen, dass wir Angst haben, uns zu übergeben oder uns bis auf die Knochen zu blamieren, wenn wir das Gefühl haben, wir überleben diese Situation buchstäblich nicht und sie deshalb um jeden Preis zu umgehen suchen – und sei es durch eine vorgeschobene Krankheit, dann sind wir auf dem Weg zu einer situationsgebundenen, krankhaften Angst.

Schüchternheit versus Angst- und Vermeidungsstruktur

Wer kennt nicht einen schüchternen Freund oder eine eher distanzierte Freundin? Diese Zeitgenossen halten sich eher im Hintergrund, genießen es nicht im Rampenlicht zu stehen. Meist sind sie ruhig und bescheiden, tauen aber zusehends auf, wenn sie Vertrauen fassen.

Schüchternheit ist manchmal lästig, aber stellt insgesamt kein neurotisches Problem dar.

Was bedeutet es aber, wenn man sich immerzu duckt, um übersehen zu werden oder so ängstlich jeglichen Konflikt oder jedes Exponiert-Sein vermeidet? Wenn es sich dabei um eine überwältigende Angst handelt, für andere quasi vollkommen »durchsichtig« oder ein »offenes Buch« zu sein, wenn man sich daher lieber vor den Menschen zurückzieht? Dann sprechen wir bei dem Betroffenen von einer generalisierten sozialen Angst.

Ängste und Leistung

Manche soziale Ängste sind ganz klar bestimmt – und auch eingrenzbar: So ist es zum Beispiel einem Betroffenen unmöglich, mit anderen Menschen zusammen zu essen. Deshalb vermeidet er einen gemeinsamen Mittagstisch in der Kantine und nagt an einem von zu Hause mitgebrachten Brot. Er wird von der Vorstellung verfolgt, ihm könne das Fleisch von der Gabel fallen, die Suppe auf dem Boden landen oder dergleichen Fauxpas' mehr. Die Furcht davor führt zu größter Verkrampftheit – mit dem Erfolg, dass oft wirklich ein Löffel vom Tablett fällt und den Hosenanzug der Frau am Nebentisch über und über mit

Tomatensoße bekleckert ist, woraufhin ihn alle ansehen und lachen.

Hinter solchen leistungsbezogenen Ängsten stehen oft real stattgefundene unangenehme Erlebnisse, die lange her sein können, den Betroffenen aber noch heute in den Knochen sitzen. Das Stottern während des Bewerbungsgesprächs etwa, das einen seither wie ein Dämon verfolgt. Das Referat, das plötzlich abgebrochen wurde, weil ein absoluter Blackout über den Vortragenden kam. Nur ein fürchterlicher komischer Ton war noch zu hören – worüber die Mitschüler sich vor Lachen nicht halten konnten. Und die Betroffene saß mit hoch rotem Kopf da und schämte sich in Grund und Boden.

Kettenreaktion und eine Vielzahl von Situationen

Seither bekommt sie Panik bei dem bloßen Gedanken an öffentliches Sprechen: daraufhin setzt sich zuverlässig eine zielgerichtete Entwicklung in Gang. Die Attacke bewirkt die Angst vor der Situation, diese Angst wiederum hemmt ansonsten intakte Fähigkeiten wie Sprechen, die körperlichen Symptome wie Rotwerden, Stottern, Schweißausbrüche etc. verschlimmern die Lage noch – und schon ist der verhängnisvolle Kreislauf perfekt.

Daneben gibt es eine Fülle von unbestimmten, so genannten generalisierten Situationen, die schier unüberwindliche Ängste erzeugen und uns im schlimmsten Fall zu Einsiedlern werden lassen. Der Katalog jener Situationen ist durchaus beachtlich, darunter zum Beispiel dass einen der Augenkontakt mit fremden Menschen ängstigt, ebenso jedoch die Angst, sich jeden Moment erbrechen zu müssen und so im Zentrum unerwünschter Aufmerksamkeit zu stehen.

Selbstwertgefühl

Wenden wir uns nun wieder Susanne zu: Diese junge Frau verfügt über ausgesprochen wenig Selbstwertgefühl – was sich zum Beispiel darin äußert, dass sie sich vor jeder Art von Beurteilung ihrer selbst, vollends aber vor Kritik fürchtet. Natürlich ist letztere für niemanden besonders angenehm – vor allem dann nicht, wenn sie berechtigt ist. Im Normalfall jedoch ist der oder die Kritisierte danach eine Weile geknickt, doch weiß man danach immerhin, wie man es besser machen sollte.

Bei Susanne verhält es sich anders und dies mit weit reichenden seelischen Folgen: Jegliche Kritik nämlich fasst sie als eine weitere Demontage ihrer selbst, als einen nagenden Zweifel an ihren Fähigkeiten und ihrer Person auf. Diesen Zweifel indes nährt sie selbst: Da Susanne ihr Wesen, ihre Talente oder ihre Professionalität im Beruf selbst als viel zu unbedeutend und gering einstuft – was objektiv betrachtet gar nicht zutrifft – traut sie sich selbst nichts zu. Und wer sich selbst nichts zutraut, kann auch nicht glauben, dass es die Anderen tun.

Selbstbeobachtung

Die Menschen in ihrer Umgebung, sei dies nun beruflich oder privat, sind beständig dabei, sie zu bewerten – diesen Eindruck hat jedenfalls Susanne. Obwohl sie sich verzweifelt darum bemüht, alles richtig zu machen, nirgends anzuecken, stets eine gute Figur zu machen und von allen akzeptiert zu werden, bezweifelt Susanne gleichzeitig aus tiefster Seele, dass sie das je schaffen wird. Andauernd steht sie quasi neben sich und beobachtet sich – und eine gehässige Stimme in ihr kommentiert alles, was sie tut, wobei stets negativ interpretiert wird.

Was werden die anderen Kollegen von mir denken? Bestimmt halten die mich für unbegabt und dumm! Wie langweilig ich daherrede, das kann ja auch keine Menschenseele interessieren. Was hab ich da wieder im unrechten Moment gelacht? Mein Gott, da könnte ich mich wieder total blamieren – solche und ähnliche Gedanken machen Susanne ihr Leben sehr schwer. Und wenn etwas geklappt hat, so ist es nie ihre eigene Leistung, sondern eben Glück oder Zufall. Susannes Selbstbild ist verzerrt – da sie nur das Ungenügen an sich wahrzunehmen vermag. Nur an sich, wohl gemerkt, denn die anderen Menschen können ohnehin alles viel besser als sie. Die permanente Selbstbeobachtung und Reflexion über sich selbst steigern natürlich Susannes Empfindlichkeit noch mehr.

Wirkung negativer Selbstsicht

Das Problematische einer solchen Einstellung zu sich selbst liegt darin, dass ein unsicheres und ängstliches Auftreten leider auch schnell den Eindruck einer fachlichen Inkompetenz vermitteln kann. Auch im privaten Bereich gilt Susanne als nicht besonders begabt – andere Menschen jagen ihr Angst ein. Jeder Gedanke an eine Party ist ihr mittlerweile ein Graus. Einem solchen Gefühl muss man sich doch nicht aussetzen, findet sie. Doch gerade in der Vermeidung sozialer Begegnungen liegt eine große Gefahr: Der betroffene Mensch zieht sich immer mehr zurück – wobei er diese sozialen Kontakte dringend erlernen sollte, um seiner Angst adäquat begegnen zu können.

Ursprung der sozialen Phobie

Susannes Eltern sind ihrerseits Menschen, von denen man nicht behaupten kann, sie hätten je ein gastfreundliches Haus geführt. Wo andere Mitschülerinnen sich untereinander besuchten, in deren Elternhäusern ein lebendiger, turbulenter Umgang mit Interesse und Verständnis für Jugend herrschte, sah es bei Susanne und ihren zwei jüngeren Geschwistern deutlich anders aus. Der Vater war scheu und in sich gekehrt, Gesellschaft mied auch er bereits wo es ging – und wo dies unmöglich war, etwa in der Betriebshauptversammlung, saß er schrecklich verkrampft da und schaffte es erst nach dem zweiten Bier, wenigstens einigermaßen mit anderen Menschen zu kommunizieren.

Die Mutter bildete hierzu kein echtes Gegengewicht. Selbst

von verschlossener Wesensart, besaß auch sie wenig Möglichkeiten mit anderen Menschen in Kontakt zu treten – zumal ihr Mann das auch nicht gerne sah. Für ihn waren die Mitmenschen generell wenig anziehend und er lehnte die Nachbarn ab, weil sie »zu spießig oder ihm ohnehin zu blöd« waren. Seine Frau fügte sich in dieses Leben. So waren auch die Kinder dieses Paares nicht gerade dazu prädestiniert, ein funktionierendes Sozialleben zu entwickeln. Vielmehr fühlten sie sich in Nachbarschaft und Schule als Außenseiter, man lud sie auch nicht häufig ein.

Ich und die Anderen

Andere Menschen wurden geradezu zum Feindbild, fast zu Verfolgern, die nichts anderes zu tun haben, als Susanne und ihre Familie auf ihre Schwächen hinzuweisen und zu kritisieren. In den Augen der Mutter war nichts Gutes von ihnen zu erwarten. Schon deshalb war es für Susanne besonders wichtig, sich nur keine Blöße zu geben, stolz und unabhängig zu sein – was unter diesen Umständen seelisch zu leisten fast ein Ding der Unmöglichkeit war. Wie Kinder eben sind, wurden die Geschwister gerne gehänselt, denn sie waren anders als andere Kinder und sie empfanden es oft als ein Spießrutenlaufen. Ihre Erfahrungen mit anderen waren also nicht gut. Susannes Mutter litt darunter und versuchte die Kinder dahingehend zu trösten, dass die Welt eben unbarmherzig sei und man dagegen nicht viel machen könne. »Wozu sich wehren?«, seufzte die Mutter resigniert, »dann kommt eben ein anderer, der ist noch schlimmer. Lasst es euch einfach nicht anmerken, wenn man euch kränkt.« Leichter gesagt, als getan.

Idole und Freunde

Wie oft wünschte sich Susanne so zu sein wie die beliebte Birgit, zu deren Geburtstag sie für ihr Leben gerne gegangen wäre. Wie gerne wäre auch sie Mitglied einer Clique gewesen. Erst spät, im Abiturjahrgang, lernte Susanne in den Leistungskursen Anke und Oliver näher kennen. Dies sind auch die Freunde, die sich über Susannes Verhalten Sorgen machen. Mit denen konnte sie einen gewissen Umgang pflegen. Doch leicht war es trotzdem nie, im Gegenteil stets gefährdet. Denn Susanne konnte sich beispielsweise nie erkenntlich zeigen und die Leute mit zu sich nach Hause einladen. Erst in ihrer eigenen Wohnung konnte sie dies tun, stand dabei aber stets unter Druck, ob sie auch eine gute Gastgeberin war, das Essen passte oder ob das Gespräch anregend oder langweilig war…

Leistungen und Versagen

In der Schule war sie früher nicht besonders gut gewesen, mit der Zeit jedoch besserten sich die Noten. Es war und blieb aber stets ein großer Stressfaktor, denn Susanne wusste, sie würde rot, sobald aller Augen auf sie gerichtet waren. Das war beim ersten Referat schon furchtbar gewesen. Anstatt wie zu Hause, wenn auch leise, aber doch bestimmt zu sprechen, klang Susannes Stimme in der Öffentlichkeit stets belegt, sie hauchte förmlich, was einen besonders ängstlichen und wenig souveränen Eindruck machte.

Wie machten das bloß die anderen, wenn sie sich hinstellten und frei redeten, ohne sofort den Faden zu verlieren?

An die Tanzstunde mochte sie lieber erst gar nicht denken. Weil sie auch noch dem größten Trampeltier der Schule auf die Zehen getreten war, worauf der laut seinen Schmerz kundtat! Alle wussten es, und wann immer an jenem Abend jemand kicherte, so galt dies bestimmt ihr und ihrem »Fehltritt«.

Was ist mit der Liebe?

Nicht nur Susannes letzte Erfahrung war eine ziemliche Katastrophe. Susanne, die man schon als »krankhaft schüchtern« bezeichnen konnte, traf Bert. Der verdient dieses Prädikat leider nicht minder. Nicht, dass dieser Mann allzu viel Grund gehabt hättc, sich eher minder und unsicher zu fühlen. Er sah angenehm aus, war klug und bewies sogar Humor. Bert hatte seinen ganzen Mut zusammengenommen und Susanne auf dem Weg zur Arbeit angesprochen, nachdem er ihr nun schon seit Monaten jeden Morgen begegnet war. Die beiden kamen ins Gespräch und sie gefielen sich auch. Man kann sich leicht ausrechnen, dass dann die jeweilige Selbstbeobachtung, die unbarmherzige Selbstkritik erst recht losging.

Vermeidungsstrategien hinterfragen

Diese beiden hätten sich vielleicht in manchen Punkten helfen, sich vielleicht gegenseitig mehr Selbstvertrauen schenken können – da sie doch unter einem ganz ähnlichen Problem litten. Doch die große Scheu, sich zu offenbaren – was für sie heißt, sich in ihrer »ganzen Schwäche« zu zeigen, nahm derart überhand, dass Susanne sich bald wieder zurückzog. Seit sie in Bert verliebt war, empfand sie andere Frauen noch perfekter als ohnehin, mit noch mehr Sex-Appeal oder Charme. Ständig war da Konkurrenz: ob im Café, im VHS-Kurs, beim Walken im Wald. Und jeder Mensch, so schwor sie, könne es ihr ansehen, dass sie verliebt und ungeschickt war. Dann doch lieber die Einsamkeit, statt sich ständig diesen Gefühlen auszusetzen. So schrieb sie mit leerem Kopf und Nervosität einen Brief, indem sie allcs beendete und nichts erklärte.

Gibt es Hilfe?

Und Bert, fern davon, einen Kampf aufnehmen zu können, nahm die Abfuhr so resigniert wie ergeben hin. Wieder einmal fand er sich darin bestätigt, dass er einfach kein Glück bei den Frauen habe. Noch nicht einmal bei einer Frau wie Susanne, die schließlich auch nicht gerade selbstbewusst war. An eine sichere Person hätte Bert sich erst gar nicht herangetraut. Doch sie dachten noch sehr oft aneinander, Bert abends auf seiner Couch und sie konnte gar nicht aufhören, an ihn zu denken …

Sie dachte auch viel über sich selbst nach, aber anders als sie es sonst getan hatte: Es ist doch auch keine Lösung, sich andauernd zu verkriechen. Wenn das so weitergeht, würde sie es völlig verlernen, mit anderen Menschen, geschweige denn mit Männern umzugehen! Susanne wollte nicht als Einsiedlerin enden, sondern beschloß, Bert anzurufen und mit ihm gemeinsam nach einer Lösung zu suchen. Sie will mit Bert gemeinsam der Angst begegnen.

Susanne ist zunächst eine Selbstbehandlung zu empfehlen: die Konfrontation der Angst mit der Realität. Sie sollte sich mit Bert zusammensetzen, offen und detailliert aufschreiben, was sie in bestimmten Situationen befürchtet, um dann genau diese Situationen aufzusuchen und zu überprüfen, ob ihre Befürchtungen eintreten. Sie wird sich vermutlich wundern, wie viel sich lediglich in ihrer Phantasie abspielt.

2 *Konfliktangst – Ich halte mich da raus!*

Harry, 49, hat ein umgängliches Gemüt: freundlich, kumpelhaft, unkompliziert. So empfinden es alle, die ihm zum ersten Mal beruflich oder privat begegnen. In vielen Gesprächen betont er mit einem gewissen Stolz, dass er Harmonie über alles schätze und nichts so sehr hasse wie Streitereien. In diesem Punkt weiß er sich mit der Mehrheit aller Menschen einig: Unfrieden und Zwist sind in der Tat belastend und unproduktiv und weder in den eigenen vier Wänden noch im Büro ein besonders förderlicher oder gar erstrebenswerter Zustand.

Gute Ratschläge für die anderen

Wer wollte Harry da nicht von ganzem Herzen zustimmen – zumal, wenn diese Ansichten mit Souveränität und Witz vorgetragen werden? Er versteht es, Menschen für sich einzunehmen. Mit großer Offenheit spricht er von sich und lässt dabei durchaus Stärken und Schwächen erkennen. Zudem ist er eloquent, was sich auch darin zeigt, dass Harry gegenüber Bekannten und Freunden stets einen frechen und passenden Spruch für alle erdenklichen und vor allem prekären Situationen parat hat – als Ratschlag für seine Mitmenschen.

Sätze wie »Ich an deiner Stelle hätte da aber schon mal auf den Tisch gehauen … « oder »Da hättest du ihr doch sofort unmissverständlich Bescheid sagen sollen, also ich hätte da doch mal nachgehakt …« gehören zu seinem Standardrepertoire. »Hut ab, der Mann hat Courage«, dachte sich Bernd, als er Harry zum ersten Mal nach einem Kinobesuch in der Kneipe zuhörte. Doch irgendetwas wollte nicht recht zusammenpassen, Bernd wusste lange Zeit nicht, was es war.

Souveränität oder Unsicherheit?

Harrys unruhige Augen, die nicht mitlächeln können, wollen zu seiner scheinbaren Souveränität nicht recht passen. Weshalb hat Bernd in seiner Gegenwart stets das Gefühl, Harry sei immerzu auf der Hut? Seismographisch genau tastet Harry das ihn umgebende persönliche Terrain ab. Er möchte in jeder Situation und von allen Menschen gemocht sein und achtet sehr darauf, sich überall im günstigsten Licht zu präsentieren: unkompliziert und umgänglich, ein Mann, mit dem man Pferde stehlen kann. Harry will es allen recht machen. Daher ist es nur zu verständlich, dass er Auseinandersetzungen, Kritik in jeder Hinsicht und Aggressionen regelrecht scheut. Von all dem, so sagt er mit schiefem Lächeln zu seiner Freundin Birgit, habe er genug in seinen Träumen, die ihm allmählich schon Magenschmerzen bereiteten. Er sei eben hochsensibel.

Bloß nicht (unangenehm) auffallen

Woran leidet nun Harry? An psychosomatischen Beschwerden – er schluckt den Ärger herunter. Oder eher an Magenproblemen als Folge seiner Konfliktscheu, die sich in ständiger Furcht vor Auseinandersetzungen und in der Verweigerung einer definitiv geäußerten Stellungnahme zu einem (situativ kritischen) Problem äußert? Letzteres trifft zu – Harry bekommt Magenschmerzen. Sein Problem ist weit verbreitet und kommt im Alltag in den verschiedensten Nuancen vor. Doch längst nicht alle Varianten sind so schwerwiegend, dass therapeutischer Bedarf notwendig wird. Es kommt immer auf die Intensität des Problems und den daraus resultierenden Leidensdruck an.

Ich mische mich da nicht ein

Menschen, die in diesem Punkt ähnlich wie Harry strukturiert sind, haben in der Öffentlichkeit keine eigene Meinung, weil diese ihnen vielleicht zum Nachteil gereichen könnte. »Ich sage da jetzt mal nichts zu« oder «Ich mische mich da nicht ein« sind beliebte und harmlose Sätze. Jeder von uns wird Entsprechendes sicher hin und wieder gehört oder gesagt haben. Manchmal taten Sie das vielleicht, um einen notorischen Besserwisser loszuwerden, mit dem zu streiten sich nicht lohnte. Ein anderes Mal möglicherweise, um ihre beste Freundin nicht durch eine abweichende Meinung zu kränken. Solche Situationen werden dann leicht »abgenickt«, weil sich eine vermutlich fruchtlose Auseinandersetzung deswegen nicht lohnt. Man muss auch nicht zum x-ten Mal über die verfehlte Subventionspolitik oder die Gesundheitsreform diskutieren. Stattdessen winkt man gerne mit den Worten ab: »Ich halte mich da jetzt raus«, obwohl man anderer Ansicht ist.

Die Angst vor dem Wort »Nein«

Manche Menschen aber haben offenbar große Angst, ja Panik davor, Sympathien zu verlieren, wenn sie einem Gegenüber oder einem Gremium entschlossen widersprechen, an einem kritischen Punkt nachhaken oder etwas für sich fordern. Es ist die schreckliche Angst davor, ein laut vernehmbares »Nein« gegenüber einer Person oder in einer Situation, zu einem Vorgang oder einer Entwicklung auszusprechen – und damit vielleicht im Zentrum unliebsamer Aufmerksamkeit und Kritik zu stehen. Vielleicht zieht die eindeutige Stellungnahme berufliche, private oder gesellschaftliche Konsequenzen nach sich? Das ist jedenfalls die ständige Phantasie.

Ich hätte gesagt, getan …

Obwohl es Harry in vielen Situationen scheinbar nicht an Selbstsicherheit mangelt, wäre er ganz gerne anders: ein wenig mutiger, durchsetzungsfähiger und selbstsicherer. Oft nämlich hat er das unangenehme Gefühl, seine Mitmenschen nähmen ihn nicht immer richtig ernst. Die Kollegen machen manchmal Andeutungen, aus denen nicht allzu viel Respekt spricht.

Harry leidet mittlerweile darunter, dass er seine eigenen Worte nicht glaubt. Etwa wenn er seiner Freundin Birgit aufs Neue erklärt, was sie der zickigen Chefredakteurin wegen des verpatzten Editorials hätte sagen sollen. »Also, ich hätte da gesagt …«, setzt Harry an, und Bernd betrachtet ihn aufmerksam. Dies geschieht während eines geselligen Treffens der beiden Paare Harry und Birgit, Bernd und Eva. Und dann kommt eine in vernichtendem Ton geäußerte Bemerkung von Birgit, Harrys Freundin: »Was? Du hättest gar nichts gesagt, kein Sterbenswörtchen hättest du gesagt, mein Lieber.« Harry schweigt verletzt und verdrossen. Sofort meldet sich wieder sein nervöser Magen. Noch nicht einmal jetzt will er dagegenhalten, obwohl die anderen beiden betreten vor sich hinsehen. Sonst geht gleich die Streiterei wieder los – und das kann er einfach nicht leiden, es belastet ihn zu sehr! Außerdem, so gesteht Harry sich heimlich ein, hat Birgit ja nicht ganz Unrecht. Doch zugeben würde er das niemals.

Frühe Erfahrungen

Weshalb ist dieser Mann so ängstlich, wenn es darum geht, sich verbal zur Wehr zu setzen oder sich zu positionieren? Man sieht es ihm förmlich an, dass er unter Stress steht: Seine Hände kneten nervös das Tischtuch, er macht runde Schultern und verschwindet fast in seinem Sitz. Warum möchte Harry am liebsten in Deckung gehen, wenn Birgit oder jemand anderes laut oder fordernd auftritt? Wieso rutscht ihm, wie er selbst gesteht, das Herz in die Hose, wenn er jemanden kritisieren soll? Wenn er seine Belange verteidigen soll? Zivilcourage sei nicht sein Ding, meint Harry dazu, lieber gebe er in Konfliktsituationen nach: »Ich habe mir häufig genug Geschrei angehört, da hieß es für mich immer: Bloß nichts wie weg!«

Vorbild zur Konfliktlösung

Menschen, die in einem Elternhaus aufgewachsen sind, in dem Konflikte weit gehend fair, das heißt in der Sache und ohne Beleidigungen und Erniedrigungen ausgetragen werden konnten, sind im Hinblick auf Selbstsicherheit und Zivilcourage deutlich im Vorteil. Kinder hingegen, die sich vor unangenehmen häuslichen Situationen fürchten müssen, sei es, dass sich die Eltern häufig lautstark wegen Kleinigkeiten streiten, sei es, dass sogar Gewalt im Spiel ist, werden sich auch in ihrem späteren Leben eher ducken als wehren – immer in der Hoffnung, dass Streit und Donnerwetter an ihnen vorbeiziehen mögen. Sie wären oft gerne unsichtbar, niemandem ein Ärgernis, wie auch Harry, dessen Vater ein häufig gereizter, cholerischer Ehemann und Vater war.

Kompensation

Solche Kinder ziehen sich einerseits ängstlich in sich zurück, lernen jedoch andererseits dabei, sich auf andere Weise als durch direkte Aggression (die lateinische Wurzel bedeutet »auf etwas zugehen«) durchs Leben zu schlagen. Etwa, indem sie wie der überall gern gesehene Harry werden, den jeder mag und der von niemandem etwas zu befürchten hat, weil er es allen Recht macht. Harry hofft, auf diese Weise die nötige Akzeptanz und Aufmerksamkeit für seine Person zu bekommen – aber er bezahlt einen hohen Preis, denn er verliert sich selbst immer mehr und entwickelt ein falsches Selbstbild!

Für ihn sind schon Begriffe wie »Durchsetzungskraft« oder »Forderung« negativ besetzt: Er kann sich damit verbundene Situationen gar nicht anders als laut und hässlich denken, mit einem Verlierer, der Harry heißt. Einen aufmüpfigen und unbequemen Menschen liebt oder mag man nicht, so seine Devise. Aufsässige Menschen kommen nicht gut an, so hat er es durch seine Erfahrungen gelernt. Und er will es sich ja mit niemandem verscherzen.

Der Zweck heiligt die Mittel

Harry kompensiert diese Defizite mit anderen »Fähigkeiten«. Schließlich ist er nach eigenem Bekunden kein Altruist, denn er möchte wie jeder andere Mensch auch seine Belange durchsetzen – nur eben nicht mit dem Mittel einer direkten Auseinandersetzung. Er verfährt subtiler: Oft setzt er andere, vor allem Untergebene, mit seiner »ewig netten« Art unter Druck.

Ein Gegenbild

Neulich saßen Harry und Birgit, Bernd und Eva wieder im Biergarten. Eigentlich hätte alles perfekt sein können, die Kastanien blühten und die Luft war schon wunderbar warm an jenem Maiabend. Doch obwohl Harry so viele Witze riss wie stets und wie immer viel von seiner Arbeit und seinem blöden Chef erzählte, war die Stimmung angespannt.

Eigentlich hatte Harry gar nicht erst mitkommen wollen, Birgit jedoch hatte ihn so lange gedrängt, bis er schließlich einwilligte. »Früher bist du doch gerne mit den beiden ausgegangen?«, sagte sie verständnislos. »Ja, aber irgendwie geht mir der Bernd schon seit einiger Zeit entsetzlich auf die Nerven. Auf den Magen, meine ich. Ich habe dir doch schon oft gesagt, der ist mir irgendwie zu forsch«, murrte Harry. »Nun, dann rede doch mit ihm, sag es ihm doch einfach«, sagte Birgit gedankenlos dahin, und Harry reagierte beleidigt und verletzt. Wieder hatte sie den Finger auf seinen wunden Punkt gelegt. »Soll das nun gehen wie damals mit Ralf? Der hat dir doch auch nach einem Jahr nicht mehr gepasst, keiner wusste wieso – und er weiß es bestimmt bis heute nicht. Wir werden bald alleine dasitzen, weißt du das eigentlich, Harry?«

In-Szene-Setzen

Harry sind Persönlichkeiten wie Bernd auf Dauer unangenehm, deshalb »entfernt« er sie auch so schnell wie möglich aus seinem Territorium. Warum? Dieser junge Mann hat ein forderndes und bestimmtes Auftreten, ohne dabei je laut zu sein. Vom Wesen her ist Bernd eher ein scheuer Typus. Zu Beginn ihrer Bekanntschaft hielt ihn Harry deshalb auch für eine perfekte Gesellschaft: Der schüchterne Bernd würde Harry mögen und gebührend bewundern, denn er, Harry, könne sich im Gegensatz zu ihm in jeder Gesellschaft bewegen und mit allen Menschen Kontakt aufnehmen.

Minderwertigkeitskomplexe

Tatsächlich verhält es sich allerdings so, dass Bernd jederzeit energisch für seine beruflichen und privaten Belange einsteht – ohne dass er selbst darüber ein Wort verlöre. Birgit jedoch weiß da so manche interessante Geschichte aus der Redaktion zu erzählen. Bernd hat sich nicht zuletzt dadurch einen Namen gemacht, dass er sich auch vor großen Tieren nicht fürchtet. Dafür aber betrachtet er Harry sehr aufmerksam. So genau und ruhig, dass Harry ihn allmählich dafür zu hassen beginnt. Er fühlt sich im wahrsten Sinne des Wortes »durchschaut«. Schlimmer noch: Birgit stellte Bernds Verhalten sogar als leuchtendes Beispiel hin, nachdem Harry wieder einmal am Feierabend gegen alles und jeden gewettert hatte – weit entfernt von den Ohren der Betroffenen, versteht sich.

Einsicht

Das war vor zwei Monaten, und Harry hat seither einiges durchmachen müssen. Sein Schlaf wie sein allgemeiner Gesundheitszustand haben sich verschlechtert. Oft fährt er nachts schweißgebadet auf und schreit. Eine Ursache könnte sein, dass er bei der Arbeit zurzeit nicht besonders glücklich ist.

Neulich hat die Geschäftsleitung ihm deutlich gesagt, dass man in der Firma mit seinem Führungsstil und seiner Kompetenz nicht zufrieden sei. Und als Harry sich zu den Vorwürfen hatte äußern sollen, stand er mit seinen fast fünfzig Jahren da wie ein abgekanzelter Schuljunge. Fern von allem Jovialen und Erfolgreichen, glaubte er sich plötzlich mit den Augen seines Chefs zu sehen: ein unbedeutendes Würstchen, unfähig, sich sachlich zu diesem Thema zu äußern und um seinen Ruf zu kämpfen. Stattdessen – und bei dem Gedanken läuft es ihm noch im Nachhinein kalt über den Rücken – sprach er in weinerlichem Ton von seinen mannigfaltigen psychosomatischen Beschwerden. Die Augen seines Vorgesetzten blickten spöttisch und mitleidig zugleich – keine gute Mischung. Es war ein schlimmer Auftritt. Als er Birgit nach vielen bohrenden Fragen ihrerseits endlich ganz ungeschminkt davon erzählte, seufzte sie tief.

Selbstkritik und Hilfe

»Jetzt siehst du ja selbst, dass deine Art nirgendwo hinführt«, sagte sie ernst, »es macht dich bloß krank und kostet dich Achtung und Sympathie.« »Willst du etwas dagegen tun?» »Glaubst du, das bringt etwas?« fragte er skeptisch.

Es tut sehr weh, wenn das Selbstbild beschädigt ist. Man sieht sich allzu schonungslos und verfällt leicht in eine Art Selbsthass, der ebenso wenig produktiv ist. Vielleicht kann Harry akzeptieren, dass er feige ist und sich am liebsten in einem Mauseloch verstecken würde, wenn es ernst wird. Bislang hat er das als Koketterie zum Besten gegeben, um nichts an seiner Persönlichkeit wirklich in Frage stellen zu müssen. Harry nahm etwaige Vorwürfe vorweg, um sich gar nicht erst ernsthaft mit ihnen auseinander setzen zu müssen.

Zur Entwicklung einer Persönlichkeit gehört jedoch im zweiten Schritt, mit den eigenen Ängsten umgehen zu lernen. Die Gründe für die Konfliktangst sind vielfältig – und ein jeder Mensch ist ein Bündel an komplexen Motiven und Wünschen sowie psychischen Facetten.

Ein Weg zu mehr Selbstsicherheit

Die Frage ist demnach: Wie kann Harry mehr Selbstbewusstsein gewinnen, damit er »starke Persönlichkeiten« nicht mehr als Gefahr und Konkurrenz empfindet und sich weniger verstecken muß? Kann jemand lernen, konstruktive Auseinandersetzungen zu führen? Ein Mensch mit Ecken und Kanten zu sein, anstatt zu glauben, man würde nur geliebt, wenn man sich möglichst überall anpasst? Er müsste sich zuerst einmal klarmachen wie ernst es ist, denn diese innere Furcht und Verleugnung haben Harry physisch krank gemacht. Er sollte nicht noch ein Magengeschwür abwarten, sondern handeln.

Achtung und Mut

Auch Birgit wünscht sich einen offeneren, kritischeren Dialog mit einem Partner, der sich prekären Situationen nicht durch Schweigen oder Passivität einfach entzieht. Sie wünscht sich, dass ihr Freund Stellung zu bestimmten Fragen bezieht, auch und vor allem in der Öffentlichkeit – und zu sich steht. Schließlich ist sie es, die sich seine verbalen Aggressionen gegen alle möglichen Leute ständig anhören muss: gegen den Chef, Bernd, die Kollegen, die Leute im Reisebüro, die Freunde. Sie will nicht mehr diesen Logenplatz haben – im hundertprozentigen Wissen, dass Harry selbst niemals etwas wirklich klären möchte, sondern sich feige verkriecht. Es ist nicht zu spät für Harry, endlich mehr Courage zu entwickeln. Und die Achtung in den Augen der Anderen steigert unsere Lebensqualität.

> Harry braucht mehr Selbstbewusstsein und das erwirbt man durch den Respekt in den Augen der anderen. Wenn man Achtung durch Andere haben will, muss man sich zeigen – auch mit seinen Ecken und Kanten. Harry sollte sich selbst ein Rezept verordnen, auf dem steht: ›Täglich einmal nein sagen – wenn ich nein meine!‹ Er wird die Erfahrung machen, dass es Menschen gibt, die über sein ›nein‹ verärgert sind, ihn

aber dennoch nicht fallen lassen. Er wird aber auch erleben, dass ihm mehr Respekt und Akzeptanz entgegengebracht wird.

3 *Verlustangst – Du darfst mich nie verlassen*

Zu Beginn ihrer Beziehung war Jenni, 26, von Toms stürmischen Liebeserklärungen vollkommen hingerissen. Die etwas schüchtern wirkende junge Frau hatte endlich einen Freund und Liebhaber gefunden. Ein romantischer Typ, der sie mit Blumen und Geschenken überhäufte, ihr x-mal am Tage nette SMSs sandte, nur um ihr zu versichern, wie sehr er sie gerade und jede einzige Minute des Tages vermisste, die er nicht mit ihr teilen könnte.

Welche Frau wäre da nicht begeistert? Jenni war geschmeichelt von so viel Aufmerksamkeit, wobei sie sich dennoch hin und wieder wunderte, wie rasch, quasi über Nacht sie zum Lebensmittelpunkt ihres neuen Freundes geworden war. Denn Tom hatte Jenni sofort nach dem ersten Date in der Disco dazu auserkoren. Und nun, nach drei Monaten, ist Jenni immer noch sein Ein und Alles – und dementsprechend Besitz ergreifend verhält sich Tom auch. Doch noch stört Jenni das nicht weiter.

Du gehörst doch mir

Nach und nach häufen sich die Eifersüchteleien. Fragen wie »Woher kennst du den?«, »Warum hat der dich so angesehen?« oder »Mußt du dich schon wieder mit deinen Freundinnen treffen?« sind an der Tagesordnung.

Noch ist Jenni verliebt bis über beide Ohren – und noch genießt sie die absolute Hingabe und natürlich auch die Eifersucht. Doch warum regt er sich auf? Er hat doch keinerlei Grund zu glauben, sie könne auch nur einen anderen Mann ansehen. Als Jenni, um ihn ein bisschen zu necken von einem Bekannten schwärmte, rastete Tom plötzlich völlig aus.

Ich will dich nicht verlieren

Was dann kam, erschreckte Jenni, obwohl sie schon eifersüchtige Freunde gehabt hatte. Vor allem deshalb, weil sie Tom gar nicht wieder erkannte. Seine Gelassenheit, Souveränität und Selbstsicherheit waren wie weggeblasen. Von einem Moment zum anderen weinte Tom, bettelte und drohte gar, sich umzubringen, wenn Jenni ihn je verließe. Er brauche sie doch so sehr, er sei doch ein Nichts ohne sie. Sie dürfe ihn niemals allein lassen.

Nach diesem Auftritt, der übrigens in einer heftigen wie leidenschaftlichen Versöhnung gipfelte, empfand Jenni bei solchen oder ähnlichen Sätzen allmählich eine diffuse Beklemmung, die sich in dem Maß steigerte, wie Toms Angst, sie zu verlieren, sowie seine unbegründete Eifersucht zunahmen. Denn Jenni konnte sagen und tun, was sie wollte – Tom schien ihr ihre Gefühle einfach nicht zu glauben. Obwohl sie, um ihn nicht zu verunsichern oder zu kränken, alle anderen Verabredungen absagte, immer öfter auf ihren Bekanntenkreis verzichtete und sich völlig auf ihn konzentrierte. Warum nur konnte Tom ihr trotz allem nicht vertrauen? Es schien gerade umgekehrt zu sein: Je mehr sie sich auf ihn einließ und je mehr sie ausschließlich für ihn da war, desto schlimmer wurde es mit Tom – und allmählich auch mit ihnen beiden.

Selbstwertgefühl und Veranlagung

Ein nur wenig entwickeltes »Selbst«, das mit starken Selbstzweifeln oder gar Selbsthass einher geht sowie eine (daraus häufig resultierende) depressive Reaktion – diese beiden seelischen Zustände können, wie auch bei Tom, zu Verlustangst und Eifersucht führen. Durch eine problematische Kindheit – seine Mutter verließ die Familie um eines anderen Mannes willen, als Tom vier Jahre alt war –, können die Betroffenen ein gestörtes Verhältnis zu Nähe und Distanz und zur Bindung an einen Partner entwickeln. Körperliche Symptome gibt es auch, wenn auch nicht eindeutig zu klassifizieren. So sprechen Betroffene häufig von Essstörungen, einer Neigung zum Alkohol- oder Drogenkonsum, Gedächtnisschwächen und dergleichen.

Bindung und Verlust

Die Angst vor Verlust ist in erster Linie ein Problem der Bindung, bzw. meist einer in früher Kindheit schwer gestörten Bindung, die traumatisch war und nicht verarbeitet werden konnte. Es entwickelte sich ein wenig stabiles Selbst, das sich für unzulänglich und damit schuldig an der gestörten Bindung fühlt. So tragen die Betroffenen diese eingekapselte Angst im Leben weiter und tendieren dazu, diese immer wieder auf andere wichtige Menschen oder Bezugspersonen zu projizieren: Verlustangst setzt eine Bindungserfahrung voraus – denn nur, wenn überhaupt eine Bindung existiert, besteht das Risiko, den geliebten Menschen auch wieder zu verlieren. Und das wäre katastrophal: Man fiele wieder in absolute Hoffnungslosigkeit, Leere, Resignation und Selbsthass zurück. Man würde daher buchstäblich alles tun, um es ja nicht (wieder) so weit kommen zu lassen. Der eine reagiert mit verstärktem Anklammern wie Tom, der andere mit Beziehungsflucht.

Erfahrungen von Instabilität

Diese ungeheure Angst verlassen zu werden, völlig allein und hilflos zu sein, ist eine Empfindung, die meist konkrete und frühe Erfahrungen mit den Bezugspersonen reflektiert. Die Angst und Ohnmacht, die Betroffene empfinden, ist daher auch immer ein Echo auf real erlebte und seelisch nicht bewältigte Situationen. Wobei es sich dabei auch um Situationen handeln kann, deren Bedeutung unterschätzt und nicht für schlimm oder traumatisch gehalten wird.

Etwa wenn die Mutter drei Wochen zur Kur fährt – die kleinen Kinder trotz aller gegenteiligen Versicherungen aber felsenfest davon überzeugt sind, ihre Mutter käme nie mehr wieder, denn Kinder haben noch kein realistisches Zeitgefühl:

Drei Wochen sind unendlich. Ein solcher Trennungsschock kann sich in der weiteren Entwicklung problematisch fortsetzen.

Zuviel oder zuwenig?

Auch eine allzu große Verwöhnung eines Kindes, das daher unselbständig und in emotionaler Abhängigkeit »gehalten« wurde, kann im Erwachsenenalter zur Entwicklung von Verlustangst führen. Solche übermäßig gluckenden Mütter haben oft selbst eine depressive Veranlagung und leiden darunter, wenn sich das Kind, das Zentrum ihrer Liebe, von ihnen fort entwickelt. Sie fürchten sich oft vor dem Tag, an dem das geliebte Kind das Haus verlässt und sie nicht mehr so liebt und braucht. Sie klammern sich an ihre Söhne und Töchter, um nicht allein zu bleiben, mit problematischen Folgen für die Kinder, die wenig Durchsetzungskraft und Identität entwickeln können. Dennoch ist es weitaus häufiger ein »zuwenig« an Liebe und Geborgenheit, denn ein »zuviel« an elterlicher Liebe und Zuwendung.

Fühlt sich ein Kind abgelehnt und ungeliebt und entwickelt aus diesem Grund ein mangelndes Selbstwertgefühl (»Ich bin keiner Liebe wert, mich kann man gar nicht mögen, sonst hätten mich Mutter oder Vater doch gemocht, mich wird auch nie ein Mensch um meiner selbst willen lieben...»), so wird es später vielleicht Probleme mit einer Balance von Nähe und Distanz haben. Diese Problematik betrifft übrigens Männer und Frauen gleichermaßen, sie kann sich auch bei beiden Geschlechtern in Passivität oder Aggression äußern. Es gibt auch notorisch eifersüchtige Frauen, die überall Konkurrenz wittern und natürlich ebenso Männer, die einem »alles recht machen wollen« lieber Scheuklappen tragen oder den Kopf in den Sand stecken und nur hoffen, dass man sie nicht allein lässt.

Vermeidung von Nähe

Viele Menschen, die solche oder ähnliche Erfahrungen machen mussten, versuchen seelische Nähe völlig zu vermeiden – da diese zum Verlust und dem uralten Gefühl des Allein- und Abgelehntseins führen kann. Wenn man sich so liebesbedürftig und so verletzlich zeigt, wie man ist, so deren Credo, sei man sowieso verloren. Also zeigt man sich nicht, bzw. bricht Verhältnisse abrupt und ohne Erklärung ab, wenn sie zu eng zu werden drohen. Oft genug wird ein Mensch, welcher einem in die Karten schauen oder eine emotionale Schwäche miterleben durfte, abgelehnt, kalt behandelt und dafür bestraft, weil er einem zu nahe gekommen ist.

Ein Näheersatz kann manchmal gut kaschiert werden: Oft sind es Menschen, die von einer Affäre zur anderen, von einem Bett ins nächste »hüpfen« – und dafür durchaus von manchen ihrer Mitmenschen bewundert werden – ohne sich jedoch dabei auf einen Menschen einlassen zu können. Sex funktioniert als Nähesurrogat, aber auch nur sehr bedingt. Wird die Beziehung von einer Seite dann enger gewünscht, ergreifen solche Persönlichkeiten die Flucht – nicht, weil sie sich keine Intimität wünschten, sondern weil das Erlebnis der Nähe dann derart überwältigend und gefährlich für ihre seelische Balance sein könnte.

Vertrauensprozess gestört

Diese Charaktere können kein echtes, weil belastbares Vertrauen zu anderen entwickeln, weil sie dies nicht oder nur unzureichend erlebt und damit auch gelernt haben. Vertrauensbildung ist ein allmählicher Prozess, er setzt Kenntnis des anderen voraus und ebenso Zeit – in vielen familiären Konstellationen indes ist dieser Prozess nicht befriedigend möglich. Hinter Nähe und Bindung steht dann primär die Gefahr, wieder nicht geliebt zu werden und erneut in den als so schmerzhaft empfundenen Zustand der Leere zurückzumüssen. Auf sich selbst zurückgeworfen sein, so hoffnungslos wie es »damals« war. Nicht, dass man sich an Auslöser oder bestimmte Erlebnisse konkret erinnern könnte oder wollte. Die traumatische Erfahrung wird oft verdrängt. »Ich kann mich nicht erinnern« heißt es dann oft ablehnend, wenn jemand dieses heikle Thema anspricht. Manchmal kann man es auch wirklich nicht mehr erinnern, wenn das Trauma in die Zeit fällt, wo man noch nicht sprechen konnte, also in die ganz frühe Kindheit.

Klammern und Brauchen – das Übermaß an Nähe

Wieder andere Menschen reagieren wie Tom. Sie wollen das Objekt ihrer Liebe – besser die Quelle ihrer Geborgenheit und ihres Selbstwertgefühls – buchstäblich mit Haut und Haaren verschlingen. Sie wollen endlich einmal in den Genuss uneingeschränkter Aufmerksamkeit und Zuwendung kommen. Jede Selbständigkeit des Partners, dessen Wunsch »auch einmal etwas alleine zu unternehmen« gerät für die Betroffenen zur potenziellen Katastrophe. Denn was passiert, wenn der geliebte Mensch dann jemanden anderen kennen lernt, der schöner / intelligenter / begehrenswerter / erfolgreicher ist als man selbst? Diese Gefahr lauert im übrigen auf Schritt und Tritt, denn die Betroffenen fühlen sich derart unsicher und von der Liebe des Partners abhängig, dass jede(r) Fremde bereits zur Konkurrenz werden kann.

Strategien für Liebe um jeden Preis

Menschen, die unter starken Verlustängsten leiden, suchen sich daher oft unentbehrlich zu machen. Die aufopfernde Ehefrau, die jede Demütigung bescheiden und selbstlos hinnimmt, gehört unter Umständen ebenso dazu wie der Mann, der alles erträgt, der sich für keine Arbeit zu schön ist und sich durch Wohlverhalten die Liebe seiner Partnerin erhalten will. In dieser Passivität liegt der Versuch einer Absicherung: »Ich tue alles für dich – und du kannst dann nicht ohne mich sein.« Wo diese Rechnung aufgeht, ist es eine leidlich funktionierende symbiotische Beziehung. Dabei ist zu beobachten, dass sich auch hier, wie generell bei der Partnerwahl, die Charaktere oft ergänzen.

Eifersucht und Liebesbeweise

Toms Verlustangst äußert sich, wie bei so vielen anderen auch, in einer übertriebenen Eifersucht mit hohem destruktivem Potenzial. Jenni sollte sich möglichst keinen einzigen Millimeter von ihm fort bewegen – ebenso wenig wie seine Freundinnen zuvor. Schon der Gedanke an eine mögliche und in jeder Beziehung normale Distanz erzeugt in Tom ein Gefühl der Panik. Jenni ist, wie wir wissen, eine eher schüchterne und leicht zu beeinflussende Frau, die eine starke mütterliche Seite zeigt. Nicht zuletzt hat dieser Zug an Jenni Tom unwillkürlich angezogen – so findet er vielleicht Geliebte und sehnsüchtig entbehrtes mütterliches Wesen in einer Person. Wie gesagt, solche Konstellationen können durchaus funktionieren.

Tom jedoch ist sozusagen auf die Luft eifersüchtig, die Jenni atmet und am liebsten würde er für seine Freundin genauso lebenswichtig sein. Wie oft schon hat er ihr seine Liebe beteuert und gezeigt, immer wieder. Aber weil er sich seiner selbst so unsicher ist, verlangt Tom jeden Tag verbale und tätige Liebesbeweise, wobei oft auch ein Anteil emotionaler Erpressung dabei ist: »Wenn du mich wirklich lieb hast, dann…«

Furcht und Aggression

Und doch kann er sich zu keiner Zeit in Sicherheit wiegen: Jenni nämlich fühlt sich von dieser übermäßigen Liebe schon ein wenig bedrängt. So würde sie ihr Unbehagen artikulieren, um schließlich doch seinen Wünschen wieder zu entsprechen. Sie möchte Tom nicht enttäuschen und er braucht sie doch so sehr! Doch Jenni fürchtet mittlerweile solche Auftritte und Eifersuchtsszenen, die sie nicht nur ängstigen, sondern auch verletzen. Denkt denn Tom allen Ernstes, er sei derart austauschbar, dass sie sich in den Busfahrer, den Abteilungsleiter, in Passanten mit nettem Lächeln oder in den CD-Verkäufer bei Karstadt verlieben könnte, kaum sei er einmal nicht da?

Genauso denkt Tom: Er ist ein Mensch und Mann, der nichts wert ist und der auch niemandem je etwas wert war, der nicht liebenswert genug ist, der im Vergleich zu anderen immer schlecht abschneidet und so fort. Hat er nicht allen Grund, sich in seiner negativen Weltsicht bestätigt zu fühlen? Wieder und wieder wendet sich eine geliebte Frau von ihm ab – aber nicht, weil er nicht liebenswert wäre, sondern weil ein so absoluter Anspruch in jeder Beziehung unweigerlich zur Belastung wird.

Unfreiheit und Rückzug

Das Muster ist stets dasselbe: Tom lernt eine Frau kennen, empfindet sofort eine starke Abhängigkeit, vereinnahmt Stück für Stück ihre Eigenständigkeit und versucht, sie auf diese Weise mit allen Mitteln bei sich und in einer gewissen Abhängigkeit zu halten. Dabei gerät er in einen Teufelskreis aus Ängsten, Eifersucht, ständigen Vorwürfen und Auseinandersetzungen, die ihm und vor allem den Partnerinnen schließlich die Beziehung zur Hölle machen. Die starken Charaktere unter ihnen haben sich das nicht lange gefallen lassen und beendeten die Beziehung bald. Die weicheren Persönlichkeiten jedoch blieben, weil auch sie das Alleinsein fürchteten – erst wenn der Leidensdruck im Käfig der krankhaften Eifersucht zu groß wird, ziehen sie die Trennung vor.

Noch kann Tom nicht begreifen, dass es nicht sein Wesen ist, sondern seine unbewältigte Verlustangst mit den hohen Ansprüchen, die seine Freundinnen beinah zwangsläufig abschreckt und überfordert. Noch ist es so, dass er jedes Mal in seinen Denkmustern bestätigt wird: »Niemand mag mich, und wenn sich doch jemand für mich interessiert, so kann das gar nicht von Dauer sein, denn ich habe von der Welt einfach nichts zu erwarten, alle anderen sind liebenswerter als ich…« So verdoppelt er seine Anstrengungen, Jenni mit allen Mitteln zu halten – was dazu führt, dass sie sich von seiner »Liebe« zunehmend erdrückt fühlt.

Nun ist es genug

Neulich erst hatte Tom seiner Freundin wieder eine fürchterliche Szene gemacht, weil sie den Bus verpasst und eine halbe Stunde später als verabredet zu ihm gekommen war. Tom glaubte ihr jedoch kein Wort, sondern behauptete steif und fest, sie hätte unterwegs »wieder einen anderen aufgegabelt«. Dieses Mal jedoch war er zu weit gegangen. Jenny entschloß sich mit Tom zu sprechen.

»Anscheinend kannst du mir keinen Schritt weit vertrauen! Das ist aber nicht mein Problem. Diese Eifersucht hat nichts mit mir oder meinem Verhalten zu tun! Du hast doch nicht einmal in dich Vertrauen! Ich bitte dich, versuche es wenigstens mit einem Gespräch oder lass dir einen Rat geben. Möchtest du denn, dass es immer so weiter geht?«

Panik und Überwindung

Zunächst einmal stürzen bei Jennis Worten wieder diese gefürchtete Leere und das Gefühl völliger Ablehnung auf ihn ein, so dass Tom sich bemühen muss zu verstehen, was sie eigentlich meint. Danach versucht er wieder, in die Offensive zu gehen und seine Freundin zu Tränen oder Beteuerungen ihrer »Unschuld« zu provozieren. Auf diese stereotypen Vorwürfe jedoch reagiert Jenni einfach nicht, sondern bleibt ruhig und in liebevollem Ton bei dem eben Gesagten. Dies führt dazu, dass Tom sich allmählich beruhigt und erst einmal tief durchatmet. »Ich habe schrecklichen Unsinn geredet«, sagt er schließlich, » es tut mir leid. Es stimmt schon, ich kann mir dann selbst nicht helfen und du auch nicht. Es wird ja immer schlimmer. Vielleicht gibt es ja wirklich Hilfe für Leute wie mich.«

Es mag ein schwerer Weg für jemanden wie Tom sein, frühe Verletzungen und ein mangelndes Selbstwertgefühl als solches zu erkennen und konstruktiver ins Leben zu integrieren, anstatt Bindungen durch einen Überanspruch zu gefährden oder zu zerstören. Sicher ist jedoch, dass ohne (professionelle) Hilfe diese Spirale von Misstrauen, Hass, Eifersucht und Not in eine Beziehungskatastrophe mündet.

In diesem Fall ist professionelle Hilfe nötig. Die Angst vor dem Verlust der geliebten Person wird bei Tom in jeder Beziehung auftreten. Das heißt, es handelt sich um ein Grundmuster. Seine grundsätzliche Angst nicht liebenswert zu sein, muss tiefenpsychologisch behandelt werden. Tom wird tief in seiner Seele verstehen lernen, dass er durch seine Verlustangst – er klammert! – genau das herbeiführt, was er fürchtet: Er wird verlassen. Dann erst kann er sein Verhalten ändern.

4 *Bindungsangst – Die Angst vor der Hingabe*

Kristina, 36, ist mit ihrem Leben eigentlich recht zufrieden. Sie hat in Johannes einen liebevollen und freundlichen Ehemann, einen unternehmungslustigen Sohn, der in der Schule Fortschritte macht, und in ihrer Teilzeitarbeit als Sachbearbeiterin kommt sie mit den Kollegen meist gut zurecht. Bald sind die Sommerferien da und die Familie möchte wieder in das Häuschen nach Schweden fahren, wohin es die drei schon seit Jahren zieht. Dort kennt Sohn Jonas schon die Nachbarskinder, mit denen er spielen kann, dort kann ihr Mann Johannes im nahe gelegenen See angeln, und Kristina kann sich mit einem Buch oder bei langen Spaziergängen entspannen. Weil Jonas ohnehin von morgens bis abends mit Ole und Pär umhertobt, haben die Eltern auch immer genügend Zeit für sich selbst. Und genau das ist das Problem, denkt Kristina traurig. Auch Mark würde nichts anderes sagen. Liebesurlaub? Das wäre absolut übertrieben … Kristina ist, um es einmal vorsichtig zu formulieren, eine in Liebesdingen äußerst zurückhaltende Frau.

Lass mich bitte

Johannes kann es sich kaum erklären. Warum hat seine Frau nur so wenig Lust, mit ihm zu schlafen? Gefällt er Kristina etwa nicht? Den Eindruck erweckt sie nicht, sie macht ihm oft Komplimente, und es hat ganz und gar nicht den Anschein, als fände sie ihn in irgendeiner Hinsicht unattraktiv. Doch wieso verkrampft sie sich immer so? Warum wird Kristinas Körper steif wie ein Brett, kaum dass Johannes sich ihr zu nähern beginnt? Und wieso liebt sie offenbar zwar seine körperliche Nähe und ist zärtlich und zärtlichkeitsbedürftig, aber zeigt alle Anzeichen von Furcht, sobald er sie intim berührt oder sein Begehren offen zeigt?

Schutzfunktionen und Taktiken

Nie allerdings wehrt sie ihn verbal oder in irgendeiner Hinsicht aggressiv ab, Johannes hat vielmehr den Eindruck, als schwanke Kristina oft selbst zwischen Abwehr und Lust. Gespannt – oder besser angespannt – scheint Kristina sich quasi selbst zu belauern, ob sie Körper und Seele diesmal überlisten kann oder nicht. Das abwartende Zögern fällt jedoch meist zu Gunsten eines körperlichen Rückzugs aus, was sie dann allerdings traurig und enttäuscht zurücklässt, denn Kristina begehrt ihren Mann und hat sich noch keinen anderen Liebhaber gewünscht, seit sie ihn kennt.

Was tut sie noch, um die erotische Nähe zu vermeiden? Kristina trägt zum Beispiel auch im Hochsommer ständig Nachthemden – weil sie friert, wie sie steif und fest behauptet. Johannes hingegen schläft auch im tiefsten Winter nackt. Unbestritten neigt Kristina dazu, verfroren zu sein, der eigentliche Grund für das Tragen eines Nachthemdes ist jedoch, dass ihr die nackte Haut zu gefährlich erscheint. Oft geht sie daher schon mit einer Beklemmung zu Bett und ist immer froh, wenn Johannes sich ihr gegenüber rücksichtsvoll verhält – was leider nur ein beschönigender Ausdruck für »sie in Ruhe zu lassen« ist.

Diskrepanz zwischen Kinder- und Frauenwelt

Am Rücken ihres Mannes schlafend fühlt sich Kristina so wohl wie ein Kind: vollkommen geborgen und sicher. Dennoch weiß sie, dass ihrer beider Beziehung etwas Wichtiges fehlt. Das bereitet ihr großen Kummer. Wie gerne wäre Kristina »mehr Frau«, und wie schön fände sie es, mehr sexuelle Lust zu empfinden. Ja, sie leidet unter diesem Zustand, hat jedoch keine Ahnung, was sie dafür tun kann. Es war schließlich schon immer so: Seit die junge Frau Beziehungen eingeht, kennt sie es nicht anders. Über die potenzielle Gefahr für ihre Liebe ist sie sich vollkommen im Klaren, und sie ist sich auch dessen bewusst, dass ihre Ehe nur deshalb funktioniert, weil die Sexualität in Johannes' Leben nicht den ersten Platz einnimmt. Das Schlusslicht bildet die Erotik in seinen Vorstellungen von einer funtkionierenden Beziehung indes auch nicht …

Reaktionen

Selbst für die geringe körperliche Nähe, die Kristina zulassen kann, muss sie gewaltige innere Hürden überwinden. Scheinbar müssen sich erst Schranken öffnen, durch die sie dann hindurchgeht. Oder es erscheint ihr, als müsse sie eine ungeheure Entfernung zwischen sich und der Lust überwinden und sich jedes Mal wieder in ein fremdes und gefährliches Land vortasten – dies sind nur einige Bilder, um diesen komplexen seelisch-körperlichen Zustand zu beschreiben.

Kein Wunder, dass Kristina es vorzieht, passiv und in kindlicher Sicherheit zu verharren, anstatt sich einem solchen psychischen wie physischen Stress allzu oft auszusetzen. Denn es ist Stress – mit allen Anzeichen von Furcht: Herzrasen, Taubheitsgefühle, Schwindel, ein Gefühl, als wäre sie in Watte gepackt und getrennt von ihrem Körper. Nach dem Sex fühlt sich die junge Frau regelmäßig, als wäre sie ganz winzig in ihrer Haut. Außerdem ist Kristina dann kaum fähig, zusammenhängend zu sprechen. Nach einer Weile verschwinden diese lästigen Erscheinungen und machen einer ungeheuren Erschöpfung Platz – gleichzeitig ist sie froh: Zum einen, weil sie einmal ihren Mann nicht abgewiesen hat und zusammen mit ihm ihre Sexualität genießen konnte. Zum anderen, weil sie sich nun »guten Gewissens« mit dem harmlosen Kuscheln belohnen darf, das sie so braucht.

Seit wann ist das so?

Kristina kann sich nicht erinnern, dass ihre Sexualität jemals anders gewesen wäre. Der Grad der Verstörung hing allerdings vom Verhalten des jeweiligen Partners ab: Übte beispielsweise ihr Ex-Freund, den sie durchaus liebte, Druck auf sie aus, indem er traurig oder gar beleidigt war, weil sie sich so zögerlich verhielt, und gab sie schließlich um des lieben Friedens willen nach, wurden die Symptome schlimmer. Dann fühlte sich Kristina dem männlichen Begehren vollkommen hilflos ausgeliefert, sie erstarrte förmlich wie das Karnickel vor der Schlange, und es kam ihr nicht mehr in den Sinn, sich zu weigern. Sie ließ es einfach geschehen – allerdings nicht ohne ungeheuren Groll.

Ihre Beziehungen zu sexuell sehr fordernden und wenig zur Zärtlichkeit neigenden oder fähigen Männern waren stets ein Desaster. Vorwürfe, mehr oder minder sanfte Überredung bis hin zu regelrechtem Quengeln oder drängendem Jammern versetzten sie in Panik und Handlungsunfähigkeit. Doch Kristina weckt Begehren, weil sie eine attraktive und lebensfrohe Frau ist – sieht man vom Bett einmal ab, möchte man fast sagen. Doch leider weiß sie nur schlecht damit umzugehen.

Furcht und Zwang

All diese Gefühle erzeugten eine Angstspirale. Oft kam jenes schreckliche Gefühl von körperlichem Zwang hinzu, das Entsetzen, nicht mehr Herrin über ihren Körper zu sein, sondern einem Begehren zur Verfügung zu stehen wie ein Objekt. Mit wahrem Hass ließ sich Kristina Liebkosungen gefallen. Dieser starke Affekt jedoch, das erkannte sie selbst, war weder der jeweiligen realen Situation noch dem betreffenden Mann gegenüber wirklich angemessen. Doch woher kam dann dieses überwältigende Gefühl, insbesondere dann, wenn jemand sie in der Nacht aufweckte, weil er Lust hatte? Was auch als Kompliment verstanden werden kann, geriet für sie stets zur Zitterpartie. Kristina wünschte sich dennoch immer wieder in solchen Momenten, tief verborgen hinter ihrer Wut, auch einmal

»ganz normal« sexuelle Lust empfinden zu können. Warum musste sie beinahe jegliches männliche Begehren derart negativ auffassen? Zu Johannes hat Kristina sehr viel Vertrauen gefasst – umso mehr wachsen der Leidensdruck und die Sehnsucht, ihre Liebe und Hingabe auch körperlich zeigen zu können.

Dilemma

Hier haben wir es sicherlich mit einer weniger häufigen und sehr individuellen Angst zu tun, deren typische Symptome und Ursachen nicht wie bei anderen Ängsten präzise benannt werden können. Die Symptome von Kristinas Furcht vor sexueller Nähe sind wie bei anderen Phobien auch ein Konglomerat aus physischen und psychischen Reaktionen. So ist auch bei ihr die Angst vor der Angst vorhanden, wenn auch nicht so ausgeprägt. Sie legt ein Vermeidungsverhalten an den Tag bzw. versucht, die Situation unter großem Unbehagen und Angstgefühlen durchzustehen. Ein Verlust der Lebensqualität ist auch festzustellen – gehört nicht ein einigermaßen erfülltes erotisches Leben dazu?

Sexuelle Probleme werden gern verschwiegen

Glaubt man den Umfragen, so ist der Umgang mit der Sexualität aus den verschiedensten Gründen für viele Menschen schwierig. Das Liebesleben der Deutschen ist angeblich weder besonders aufregend noch findet es allzu häufig statt.

Auch Mark kann von unbelastetem Sex nur träumen. Er spürt deutlich, welche Widerstände seine Frau überwinden muss, doch er hat nicht immer die Kraft und Geduld dazu, Rücksicht auf sie zu nehmen. Kommt es aber so weit, dass Kristina ihre inneren Barrieren überwindet, dann ist sie eine leidenschaftliche und unbekümmerte Frau – bis danach diese seltsamen Zustände wieder einsetzen. Damit ist auch klar, dass die Lustlosigkeit oder der mangelnde Trieb nicht Kristinas »wirkliches« Wesen sein können, sondern als Schutzmechanismen fungieren, die sie vor verstörenden Erlebnissen bewahren sollen. Doch der Preis ist sehr hoch – er kostet genau die Freuden eines normalen, unspektakulären erotischen Lebens zwischen Partnern, die sich begehren.

Wunsch nach Initiative

An ihm liege es bestimmt nicht, das hat ihm seine Frau schon oft gesagt. Denn Mark ist wirklich ein zärtlicher, behutsamer Liebhaber, der nicht allein seinen Willen durchsetzen muss. Und keineswegs hat er seine Frau je so tief erschreckt oder irgendwann grob behandelt wie man vielleicht aus ihrer Abwehrhaltung vermuten könnte. Als die beiden sich kennen lernten, deutete Kristina schon an, dass sie nicht besonders »aktiv« sei. Allerdings sagte sie es mit so neugierigen Augen und einem so großen Bedürfnis nach Zärtlichkeit und Nähe, dass Mark sich noch nichts dabei dachte. Schon damals fiel ihm auf, wie angespannt Kristina oft beim Sex war – und wie gelöst, wenn sie aus für ihn unerfindlichen Gründen den Sex genießen konnte. Ruhig und zurückhaltend von Natur aus, richtet er sich daher in punkto Frequenz und Dauer stark nach ihr – was ihm jedoch immer wieder zu schaffen macht. Bei aller Liebe, die er für Kristina empfindet, wünscht er sich manchmal doch eine Frau, die wenigstens ab und an die Initiative übernimmt.

Die »verschüttete Frau«

Mark begehrt nichts mehr als die Frau, die er in Kristina erahnt: Er weiß, dass es sie gibt, aber der Zugang zu ihr ist verbaut. Das kann frustrieren und manchmal traurig und müde machen – auch wenn er es im Grunde ja besser weiß und keinen Anlass hat, an der Liebe seiner Frau zu zweifeln. Kristina hat übrigens ebenfalls den Wunsch nach einer unbeschwerten Sexualität. Es ist für sie aber so beschwerlich und angstbesetzt, gegen die großen Widerstände anzukämpfen, dass sie manchmal am liebsten gar keinen Sex mehr hätte. Ihr Begehren ist schwach ausgeprägt, das Gefühl wirklich erregt zu sein, erlebt sie nur sehr selten. Sie fände es wunderbar, wenn nicht danach wieder die Sprach- und Denkstörungen kämen und das Gefühl, ganz klein und völlig kraftlos zu sein. Sie erahnt jedoch etwas dahinter, was sie noch kaum kennt: ihre Sexualität.

Was ist geschehen?

Wäre das so einfach zu benennen, hätte Kristina ihrem Mann schon längst davon erzählt. Sie kann sich an kein Ereignis in der Vergangenheit erinnern und weder mit konkreten Bildern noch Erlebnissen aufwarten. Eins kann man aber sagen: Bei Kristina liegt eine spezielle Form der Bindungsangst vor, nämlich die Hingabeangst im sexuellen Bereich. So etwas lässt immer an ein Erlebnis sexueller Übergriffigkeit oder sogar Missbrauch denken. Kristina wird von wiederkehrenden Albträumen geplagt, von einem instinktiven Ekel, der sie überfällt, wenn sie sich ältere Männer erregt vorstellt, von dem Gefühl, bei sexueller Nähe wieder ganz klein zu werden, sowie von Angst und Wut, wenn sie nachts geweckt wird.

Unsere Vermutung wird hier Gewissheit. Wie ein Kind auf sexuellen Missbrauch reagiert ist verschieden – Kristinas Symptome deuten jedenfalls auf ein mit Unfreiwilligkeit verbundenes, zwangsläufig angstbehaftetes und mit Manipulation gleichgesetztes Gefühl in Verbindung mit Sexualität und männlichem Begehren hin. Dies ist natürlich eine schwere Hypothek für eine gesunde Sexualität.

Irgendjemand ist Kristina zu nahe getreten, als sie noch klein war. Subtiler wohl als der klischeehafte betrunkene Onkel mit der Bierfahne, liebevoller und dennoch gefährlicher, wahrscheinlich auch viel verschwiegener – nichtsdestotrotz ist die körperliche und seelische Erinnerung an einen Zwang bei ihr ganz deutlich vorhanden. Wie unter einem Wiederholungszwang reagieren Körper und Seele immer wieder mit typischen Angstreaktionen, auch wenn Kristina bewusst ist, dass ihr heute niemand etwas Böses will.

Dennoch scheint die Fähigkeit zu Liebe und Lust bei ihr nicht vollständig zerstört zu sein, wie es bei vielen Menschen mit Missbrauchserlebnissen der Fall ist, und das lässt durchaus für die Zukunft dieses Paares hoffen.

Kristina ist beziehungsfähig, hat jedoch in der Beziehung Angst vor der sexuellen Hingabe, weil in ihr dann alte diffuse Gefühle wach werden. Sie ist so sehr mit frühen Bildern beschäftigt, dass ihr der Blick auf ihren liebevollen Ehemann in der aktuellen Situation verstellt ist. Eine Trauma-Therapie hilft ihr, die alten belastenden Erlebnisse zu bearbeiten. Hilfreich für die Übergangszeit ist, eine Vereinbarung mit ihrem Mann zu treffen: ›Ich erlaube dir, meine Barriere zu überwinden! Verführe mich!‹ – mit der Gewissheit, diese Vereinbarung jederzeit widerrufen zu können.

5 *Die Angst, zu kurz zu kommen*

»Seine Freunde kann man sich aussuchen, seine kleine Schwester nicht«. Niemand würde dieses leicht abgewandelte Sprichwort mehr bejahen als Anita. Sie ist jetzt vierzig Jahre alt, verheiratet, keine Kinder. Nicht nur diese schmerzliche Tatsache lässt Anita ihren häufigen Monolog mit den Worten beginnen: »Alle haben das, was sie wollen, nur ich nicht. Ich krieg immer das kleinste Stück vom Kuchen! Das war schon immer so, seit ich denken kann«. Der schlimmste Dorn ist ihre Schwester Laura. Laura ist vier Jahre jünger und hat zwei Kinder, einen Mann, der seine Familie liebt und schätzt. Es sieht ganz so aus, als wären die beiden wieder glücklich miteinander – zumindest hört man nichts anderes mehr. Wirtschaftlich geht es Laura gut. Nachdem sie Schule und Studium erfolgreich abgeschlossen hat, fand sie einen guten Job als PR-Referentin.

Anita beäugt all dies mit einer schwer zu bestimmenden Mischung widerstrebender Gefühle. Einerseits mag sie ihre Schwester, sie hängt an ihr. Andererseits lässt Anita an ihrer Schwester oder an deren Verhältnissen in der Öffentlichkeit kein gutes Haar. Laura wäre zutiefst entsetzt, wüsste sie, wie Anita von ihr spricht: als schlechte, weil zu nachgiebige Mutter, als dumm, weil sie damals das Jobangebot in Berlin ausgeschlagen habe, als wenig attraktiv, weil sie einfach nicht so viel aus sich zu machen verstünde wie andere Frauen. Sie wüsste schon besser, wie man das anstellen müsse. Die Familie ist Anitas Lieblingsthema – wenig anderes findet so uneingeschränkt ihr Interesse, wie die Feinheiten der Kindheit, die Schichten des Erlebens und des Gefüges, dem sie entstammt. Dieses Interesse wäre für die Zuhörer nicht zu beanstanden, stünde nicht bei diesen Betrachtungen stets sie, Anita, im Mittelpunkt. Anita, die gerne und oft Gäste hat, verbreitet sich auch zu solchen Anlässen gerne über Familien im allgemeinen und besonderen, um schließlich wieder dort zu landen, wo sie sich am liebsten aufhält – bei der Geschichte, wonach Laura alles und sie nichts bekam.

Ein häufiges Phänomen

Die subjektive Gewissheit als Kind »zu kurz« gekommen zu sein und die nagende Furcht, dies auch auf anderen Ebenen des Lebens weiterhin erleiden zu müssen, ist weit verbreitet. Diese ganz alltägliche problematische Grundhaltung geht nicht mit ausgesprochenen Panikattacken oder ganz bestimmten körperlichen Symptome einher – es sei denn mit quasi symbolisch zu interpretierenden Leiden.

So liegen Anita berufliche Probleme, ihr Verhältnis zu ihren Eltern oder eben Lauras »Lebensführung« manchmal buchstäblich im Magen. Anita klagt sehr oft über Verdauungsbeschwerden – wie sie generell auch aufgrund ihrer zahlreichen, jedoch auch in der Summe nicht wirklich beängstigenden Symptome eher zum hypochondrischen Typus gerechnet werden darf. Anita spricht gern und viel über diverse Krankheiten und sie hat selbst all jene, die ein diffuses, schwer zu bestimmendes Krankheitsbild zeigen.

Schlechter Start – trübe Perspektiven

Anita reklamiert für sich einerseits das Bild eines benachteiligten Menschen, bzw. Opfers unglücklicher Umstände, das trotz aller Anstrengungen nicht so viel Glück im Leben hat wie andere, um nur Laura als Beispiel zu nennen. Dies äußert Anita in einem dramatisch-kämpferischen Ton.

Schilderte Anita ihren schulischen und beruflichen Werdegang ganz offen, was sie in der Regel vermeidet, so sind darin doch einige Dinge auffällig. Zum einen ihr großes kreatives Talent, das auch früh erkannt wurde. Danach eine mit Ach und Krach bestandene Abschlussprüfung sowie eine Ausbildung zur Designerin. Zum anderen ein häufiger, oft in einem lautstarken Eklat endender Stellenwechsel, Phasen von großer Mutlosigkeit und längerer Arbeitslosigkeit, eine geplatzte Selbständigkeit und schließlich seit Jahren nun eine Tätigkeit, die zwar einträglich ist, aber mit ihren eigentlichen gestalterischen Talenten wenig zu tun hat.

Konkurrenzsituationen

Auf die Frage, weshalb ihr beruflicher Weg bei ihrem künstlerischen Talent dennoch so wenig geradlinig war, weiß Anita stets detailliert darzulegen, wie man nach einer Weile gegen ihre Persönlichkeit opponierte und intrigierte. Meistens waren dies Frauen in leitender Position, denen sie »einfach nicht passte.« Zu Männern, bzw. Kollegen hingegen findet Anita leicht ein forsches und unkompliziertes Verhältnis, das oft einen flirtenden Ton annimmt. Frauen gegenüber entsteht jedoch meist ein gewisses Konkurrenzverhalten. So fällt es Anita generell schwer, eine Frau und sei es eine Freundin zu loben oder sich an einem erzielten Erfolg mitzufreuen. Kummer jedweder Art hingegen teilt sie gerne und gibt einfühlsame gute Ratschläge. In der Tat, es gibt kaum eine aufmerksamere Zuhörerin als Anita.

Vertrauensbruch

Dies dachte sich Laura auch und setzte in einer schwierigen Phase ihrer Ehe auf Anitas Vertrauen. Wie groß jedoch war der Schock, als sie das ihrer Schwester unter dem Siegel der Verschwiegenheit Anvertraute – Lauras Mann hatte eine Affäre – aus dem Mund einer Bekannten hörte! Diese Frau warnte Laura und erzählte ihr, wie schlecht Anita über sie geredet hatte. Laura könne ihren Mann eben nicht halten, wenn sie immer in solchen Kleidchen herumliefe. Keinerlei Geschmack! Und überhaupt, das geschähe der Laura ganz recht. Sie habe das Glück schließlich nicht gepachtet?

Und das sei übrigens kein Einzelfall von übler Nachrede gewesen. Andauernd wisse Anita Persönliches und Intimes aus Lauras Leben zum Besten zu geben und zu beurteilen. Und natürlich immer wieder diese Geschichte, wie sie, Anita, seit Lauras Geburt hintan gestanden und zurückgesteckt habe, obwohl sie doch auch heute noch die Begabtere und Interessantere von beiden sei. Das Kind Anita sei, was Erfolg, Liebe und Aufmerksamkeit betraf, seither zu kurz gekommen und ein Problem nach dem anderen hätte sich nur aus dieser traurigen Tatsache ergeben. Die Eltern seien schuld daran und auch Laura, weil sie ihr das ein für alle Mal weggenommen habe, was Anita bisher allein genießen durfte: die uneingeschränkte, absolute Liebe von Vater und Mutter.

Hintergrundtönung und seelischer Defekt

Anitas Grundhaltung entspringt demnach auch dort, wo viele andere Ängste ihren Ursprung haben und wo sie sich ansiedeln können: im früh kindlichen Erfahrungsbereich, aus dem ein mangelndes Selbstwertgefühl und bestimmte Überzeugungen resultieren. Eine solche psychische Grundverfassung kann häufig mit starken Gefühlen wie Eifersucht und Hass einhergehen und daher ein Leben ebenso schleichend vergiften, wie eine Angstkrankheit dies vermag. In diesem Fall aber lässt sich die Grundsituation, welche einem Menschen jenes Gefühl bis heute vermittelt, ja nicht gut völlig meiden, wie man einen Aufzug oder eine Brücke zu umgehen versucht. Es ist schwierig, den Kontakt zur Schwester vom einen Tag auf den anderen abzubrechen, zumal sie ihr gegenüber ambivalente Gefühle hat: Sie hasst sie und sie liebt sie. Wenn wir sie fragen, würde sie sagen, dass sie es nur gut mit ihr meine.

Gegenbild und Identifikation

Laura ist sich da gar nicht mehr so sicher, seit sie konkret von dieser Indiskretion erfahren hat. Sie bereut zutiefst, ihrer Schwester derart viel aus ihrem Privatleben erzählt zu haben, aber in dieser Stunde der Verzweiflung war die fürsorgliche, an der Entwicklung der Probleme mit allen ihren Nuancen sehr interessierte Schwester ihr mehr als willkommen gewesen. Es tat so gut, sich auszusprechen bei einem Menschen, der selbst viel Lebenserfahrung besitzt.

Wer hätte denn je daran gedacht, dass ausgerechnet Anita, ihre eigene Schwester, so lieblos und hämisch über sie spräche? Hätte man dies nicht wissen können? Anita nämlich spricht häufiger über das Privatleben ihrer Freunde und Bekannten am Kaffeetisch. Eigentlich nur logisch, dass ich jetzt auch einmal drangekommen bin, denkt sich Laura, nichtsdestotrotz desillusioniert und traurig. Jetzt erst beginnt sie, mehr über ihre Schwester Anita nachzudenken – und auch sie kommt nicht umhin, sich dabei an früher, an ihre gemeinsame Kindheit zu erinnern.

Zwei Perspektiven

Während Anita bis heute den Urgrund all ihrer Probleme in Lauras Existenz sieht, erinnert sich Laura selbst an eine Schwester, die es ihr oft schwer machte. Nur ungern erinnert sie sich, wie Anita sie hänselte, verpetzte und auf allerhand Arten zu drangsalieren wusste. Wenn man es recht bedenkt, war es nicht schön, genau diese große Schwester zu haben, jedenfalls nicht als Kind. Immerzu betonte Anita, wie mickrig und dumm Laura sei und dass sie besser schwimmen, basteln und vor allem zeichnen könne. Von wildem und furchtlosen Temperament, versetzte Anita ihre kleine Schwester gerne in Angst und erzählte ihr gruselige Geschichten über den Mann, der im Keller mit einer Blut triefenden Axt lauerte und verdrehte dabei ganz fürchterlich die Augen, bis man das Weiße sah, so daß Laura floh.

Sie erzählte es ihrer Mutter, die ihrerseits Scheu davor hatte, mit Anita zu streiten. Anita wurde dann laut und ausfällig und geriet in einen so großen Zorn, dass selbst die Mutter wenig ausrichten konnte. »Nimm sie einfach, wie sie ist«, sagte die Mutter hilflos zu Laura, »du weißt ja, deine Schwester meint es nicht so und sie beruhigt sich schon wieder. Ich werde es dem Vater erzählen.« Der aber zuckte nur die Schultern, denn das ängstliche und übereifrige Töchterlein Laura fürchte sich doch ohnehin vor allem und jedem. Was solle man da machen …

Geschwisterrivalität

Jeder Mensch, der darüber klagt, stets zu kurz gekommen zu sein, sollte uns von seiner Familie, seinen Eltern und Geschwistern erzählen. Bis weit in das Erwachsenenalter hinein wirken nämlich solche häufig problematischen Konstellationen nach und sorgen dafür, dass auch in unserer weiteren Entwicklung die alten Ängste valent bleiben: Nicht genug geliebt und nicht genug wahrgenommen zu werden, Liebe, die man so dringend für sich allein möchte, in Zukunft mit jemandem teilen zu müssen. Die allermeisten Einzelkinder, welche Geschwister bekommen, reagieren mit heftiger Eifersucht und dem verzweifelten Bemühen, mit dem »süßen« Baby mithalten zu können. Vor allem dann, wenn der Altersunterschied relativ gering ist und der Neuzugang dasselbe Geschlecht hat wie das erste Kind. Junge und Mädchen messen sich ganz anders an- und miteinander – nicht, dass es dabei nicht auch ständig Streitereien und Tränen geben kann.

Du bist doch schon so groß

Oft sind die Eltern mit diesen vehementen Gefühlen, die sich oft auch in (versteckten) Aggressionen äußern können, erst einmal hoffnungslos überfordert. Es ist denkbar schwer, einem Kind »klar zu machen«, dass sich am Liebhaben nichts ändert, wenn es die Anwesenheit des Geschwisters als Konkurrenz in punkto Zeit und Zuwendung empfinden muss. Auch wenn es ihm viel Kummer ersparte: so vernünftig ist auch ein Erwachsener nicht, dass man Ängsten rational oder mit Worten beikommen könnte. Allein, dass man es dem erstgeborenen Kind gegenüber so oft betont: «Ich hab dich doch genauso lieb wie früher« kann bei einem sensiblen Kind, dessen heile und wunderbar eigensüchtige Welt erste (und für die Entwicklung auch notwendige) Korrekturen erleidet, erste Zweifel wecken.

»Du bist doch schon viel größer als das Baby und kannst schon so schön allein spielen« klingt wie eine indirekte Ablehnung, und ist auch in diesem Kontext keine rechte Anerkennung oder Freude. Denn meist beinhaltet dieser Ausspruch den Appell, aus diesem Grund nun und künftig besser zurückstecken oder etwas selbst erledigen zu können, wobei einem sonst Mutter und Vater so gerne halfen. Das Kleine braucht jetzt alle Aufmerksamkeit, denn es kann weder laufen, noch essen oder spielen. In der Seele eines Kindes kann sich daher ein Drama abspielen, ein Kampf um Zuwendung und Liebe. Es fühlt, dass sich wirklich etwas verändert hat und braucht eine ganze Weile, sich an diesen neuen Zustand zu gewöhnen.

In dieser Phase brauchen die Eltern viel Gelassenheit, Humor, Zärtlichkeit und Verständnis für das Kind, das sich entthront fühlt. Auf keinen Fall sollte man Schuldgefühle haben, dem Kind ein Geschwisterchen zu präsentieren. Denn es ist das Normalste von der Welt, Geschwister zu bekommen. Nicht immer gelingt dies, sehr oft wird das Problem der geschwisterlichen Konkurrenz eher verdrängt. Leider ist nicht zu leugnen, dass die Aufmerksamkeit für das einzelne Kind zeitlich zwangsläufig abnimmt und dass dies für viele Kleinkinder zunächst eine reale und ernst zu nehmende »Bedrohung« darstellt. Von Kleinkindern wird in einer solchen Situation verlangt, was auch für Erwachsene mitunter sehr schwer zu leisten ist: Gefühle und Aufmerksamkeit zu teilen ist auch im späteren Leben nicht leicht, auch wenn der häusliche Konkurrenzdruck nicht so ausgeprägt war. Und doch muss man es auf liebevolle Weise lernen, dass man nicht der Nabel der Welt, sondern Teil eines sozialen Gefüges ist.

Aufteilung

Die Eltern von Anita und Laura handelten schließlich so, wie viele in ihrer Situation: Auch in dieser Familie gab es daher eher ein »Papa- und ein Mamakind«. Anita schloss sich an den Vater an, weil sich die beiden vom Temperament her ähnlich waren und deshalb gut miteinander umgehen konnten. Die ruhige, etwas verschüchterte Laura hingegen fühlte sich bei ihrer Mutter, einer häuslichen, musisch veranlagten Frau immer besonders wohl. Laura half in der Küche und spielte im Garten mit ihren Puppen. Sie hatte nie erfahren wie es ist, alle Aufmerksamkeit und Zuwendung für sich zu haben und nahm nun die kleine Entfernung zum Vater hin, ohne dies allzu sehr zu bedauern oder sich viele Gedanken darum zu machen.

Doch auch mit diesem Kompromiss konnte die kleine Anita nicht anders, als ihrem verlorenen Paradies und ungetrübten Glück hinterher trauern. Das Kind fühlte sich verraten und hintergangen. Wer wollte denn ein Geschwisterchen? Sie bestimmt nicht! War sie nicht das Lieblingskind? Wer konnte denn zwei davon haben? Anita hätte viel lieber einen Hund gehabt. Nun bekam sie zwar diesen Wunsch erfüllt, aber Zorn und Kummer saßen zu tief. Diese »Mutter-Laura-Welt« versuchte Anita nun, vor sich selbst schlecht zu reden, damit sie es nicht so sehr vermisste. Was die beiden taten, ob nun Marmelade einkochen oder im Chor singen, schien Anita daher immer ein wenig verächtlich – die sportlichen Aktivitäten zusammen mit dem Vater oder die Spaziergänge, welche die beiden unternahmen, waren viel mehr wert.

Nun bin ich außer Konkurrenz

Erst in der Pubertät verbesserte sich das Verhältnis zwischen den ungleichen Schwestern deutlich. Nun ging es nicht mehr in erster Linie um schulische Belange, wo Laura sich viel leichter tat, noch standen die Eltern im Zentrum der kindlichen Gefühlswelt wie früher. Es fing eine ganz neue Zeit an, eine die Anita viel Bestätigung und noch mehr Verehrer bescheren sollte, während Laura ein wenig farbloser und scheuer blieb, wenn auch von gewinnendem Wesen. Anita, die als Mädchen nicht besonders hübsch gewesen war, entwickelte sich zu einer aparten Schönheit, die es sich leisten konnte, großmütiger zu sein. Denn anstatt um die Aufmerksamkeit der Eltern zu konkurrieren, kam nun die ganze Männerwelt hinzu – eine willkommene Kompensation für alle erlittenen Zurücksetzungen. Anita war eines der begehrtesten Mädchen weit und breit, Laura blieb unscheinbarer, wusste sich nicht so gut zu kleiden. Sie war zwar ein wenig schüchtern und linkisch, dennoch beliebt, vor allem bei ihren Freundinnen.

Erfahrung färbt das Weltbild

So ist es kein Wunder, dass Anita die Menschen, denen sie begegnet, insbesondere die Frauen, sofort im Hinblick auf die Konkurrenzsituation »abklopft«. Gerne hat sie Bekannte und Freundinnen, die sie bewundern und die ihr nicht das Wasser reichen können. Sobald jemand eine »gleichwertige« und damit potenziell gefährliche Frau erscheint, kommt der »Nebenbuhlerin« gegenüber alte Missgunst und Ohnmacht wieder hoch. Wieder versucht Anita, andere Menschen und ihre kleinen Errungenschaften und Erfolge schlecht zu reden. Im Beruf läuft das nicht anders: Anita duldet keine starke Frau neben sich, das würde zu einem Kampf führen, den sie vielleicht verlieren könnte. So neigt sie dazu, alle anderen herunterzusetzen – ihre eigene große Empfindlichkeit und ihr geringes Selbstwertgefühl ahnt niemand, welcher ihr das erste Mal begegnet. Anita wirkt forsch und dominant, charmant und witzig. Sie ist schnell offensiv und scheut sich vor keiner Auseinandersetzung – außer der mit sich selbst.

Der Bruch

Anita fällt nur auf, dass sich ihre Magenschmerzen in letzter Zeit verschlimmert haben. Eigentlich ist der Zeitpunkt ganz klar: Seitdem nämlich Laura ein Gespräch mit Anita führte, das mit Aggressionen und Beschimpfungen von Seiten Anitas und mit Lauras Rückzug endete. Laura hatte ihrer Schwester ruhig und bedacht dargelegt, was sie von ihrer Schwester dachte und dass sie glaube, jene hätte ein ernstes Problem mit Werten wie Loyalität und Vertrauen. Nun war Laura diejenige, die souverän handelte und bestimmt sprach, die den Stier bei den Hörnern nahm, indem sie ihrer Schwester Anita das erste Mal im Leben ruhig ihre Meinung sagte.

Laura ließ sich von Anita zu keiner Minute provozieren. Und als Anita wieder mit der »alten Schuld« ankam, so gab ihr Laura eindeutig zu verstehen, dass sie nichts für ihre Geburt könne und dass Anita nicht gelernt habe, mit anderen umzugehen, ohne sofort und stets eine Hierarchie mit sich selbst an der Spitze zu errichten: ob im Hof beim Spielen oder später in der Disco. Sie hatte sich auch wiederholt an Lauras Verehrer herangemacht – um deren Ernsthaftigkeit gegenüber ihrer »kleinen Schwester« zu testen. Sie musste immer die Schönste und Beste sein – aber wieso bediente sie sich dazu ihrer Schwester Laura?

Was passiert weiter?

Es kam einiges Schmerzliche und Schwierige zur Sprache. Da Anita sich nicht entschuldigte, sondern jene Bekannte, die Laura diese unschönen Reden hinterbracht hatte, wiederum des »Verrats« bezichtigte, sieht Laura augenblicklich keinen Grund zu einem weiteren Gespräch. Sie hat ihre Schwester nach wie vor gerne, aber das kann sie erst einmal auch aus einer gewissen Entfernung tun. Zum ersten Mal entstehen Anita nun Konsequenzen aus ihrem Verhalten. Laura sieht nun viel klarer und begreift, dass Anita aus bestimmten seelischen Defiziten heraus nicht anders reagieren kann, um stets als gefährdet empfundenes Terrain zu behaupten. Andererseits tut sie sich selbst damit keinen Gefallen. Andere Menschen schlecht zu machen, stets neidisch und missgünstig auf andere zu sehen, entlastet auf Dauer nicht.

Anita sollte mit ihren Eltern und ihrer Schwester einige familientherapeutische Sitzungen machen. Dort kann sie noch einmal über ihre Ängste und Wut über die vermutete Ungleichbehandlung von sich und ihrer Schwester sprechen, um vielleicht zu erkennen: Sie und ihre Schwester sind unterschiedlich, ihre Eltern haben Unterschiedliches an ihnen beiden, sie aber doch beide gleich intensiv geliebt.

6 *Versagensangst – Wann ist der Mann ein Mann?*

Peter, 28, liebt seinen Beruf als Ingenieur. Die Menschen, die Tag für Tag mit ihm zu tun haben, schätzen neben Verlässlichkeit und Kompetenz seine konziliante Art und den trockenen Humor. Manche seiner Kolleginnen würden den jungen Mann so gerne näher kennen lernen. Aber er scheint ein sehr zurückhaltender Mensch zu sein. Simone, die schon seit längerer Zeit ein Auge auf ihn geworfen hat, begleitete ihn ins Kino. Das war das einzige, was sie bisher erreicht hat. Peter verabschiedete sich danach ungewöhnlich hektisch. Wieso nur, denkt sich Simone jeden Tag aufs Neue, ich merke doch, dass ich ihm gefalle. Wieso ist er denn gleich nach dem romantischen Film wie von Furien gehetzt verschwunden? Der Liebesfilm wäre doch ein guter Einstieg gewesen. Aus dem Augenwinkel hatte Simone Peters Gesicht beobachtet: Er sah starr geradeaus, wie gebannt vom Geschehen auf der Leinwand, aber mit einem eher traurigen Ausdruck, den sie nicht recht zu deuten wusste.

Ich und Er

Der Dialog eines Mannes mit seinem besten Stück, das ihn auch hin und wieder einmal im Stich lässt, wird in Literatur und Filmen zum Thema gemacht. Selbst Goethe dichtete: »Du fauler Knecht, wie unerwecklich liegst du / und deinen Herrn ums Schönste Glück betrügst du«. Der so getadelte verstand und erhob sich im Laufe des Gedichts dann »zu allen seinen Prachten«. Was Goethe passieren kann, ist auch für einen Mann wie Peter ein Problem: Er hätte große Angst, sich Simone erotisch zu nähern. Die Liebesszenen im Film, die Simone gut gefallen haben, vermittelten ihm ein schwer zu beschreibendes Gefühl.

Fest steht, dass er im Moment einen Akt wie er auf der Leinwand zu sehen war, so »nicht bringen« könnte. Im Moment nicht. Oder besser schon seit einem Jahr nicht? Sein Penis macht einfach nicht mit, er macht buchstäblich schlapp – und das ist auch der Grund, weshalb Peter mittlerweile die Nähe zu attraktiven Frauen meidet. Ist es möglich, dass er impotent ist?

Impotenz oder einmal ist keinmal

Jeder Mann kennt hin und wieder die Situation, dass der Penis nicht steif genug ist oder sich erst gar nicht rührt, wenn man mit einer Frau im Bett ist. Das ist weiter kein Anlass zur Sorge und es gibt viele Gründe: Von einer Unfähigkeit aufgrund heftigsten Verliebtseins bis zur momentanen Unlust oder schlicht und einfach Übermüdung ist alles möglich. Das mag im Moment nicht angenehm sein, aber meist gibt es sich von selbst, je weniger Aufhebens darum gemacht wird.

Von Impotenz spricht man, wenn es sich um ein körperlich bedingtes mehr oder minder regelmäßiges Ausbleiben der Erektion handelt. Die Ursachen können vielfältig sein und haben mit körperlichen und seelischen Befindlichkeiten des Betreffenden zu tun. Chronische Erkrankungen, ein zu hoher Blutdruck, Alkoholismus und dergleichen können dazu führen, dass der Penis seinen Dienst einfach verweigert, zu dem er ansonsten durchaus in der Lage wäre. Auch Beziehungsprobleme oder beruflicher Stress können sich in vorübergehender Impotenz zeigen. Mit dem Abklingen der Krankheitssymptome oder einem gesünderen Lebenswandel kommt die Erektionsfähigkeit meist wieder zurück.

Was, wenn es oft passiert?

Peter verdrängt das Thema so gut es geht. Aber jetzt, seit er sich wieder ein wenig verliebt hat, geht das natürlich nicht mehr so einfach. Andererseits ist er sich fast sicher, dass dann dieses ganze Theater wieder von vorne losginge – so wie damals mit

Tina. Daran zu denken, verursacht Peter heute noch große Probleme, so heikle Dinge wie männliches Selbstverständnis, Würde und Lebensenergie sind davon in Mitleidenschaft gezogen. Denn diese Beziehung zerbrach auch an dieser leidigen Angelegenheit. Tina liebte buchstäblich »nach Leistung«, so konnte sie sich verletzende Kommentare nicht verkneifen, wenn »es« nicht schnell genug ins Bett ging – oder im Bett gar nichts mehr lief, was sich dann zu wiederholen begann. Und dies immer häufiger, bis Tina sich enttäuscht und frustriert für immer verabschiedete – bei ihrem Hang zur Indiskretion wahrscheinlich nicht, ohne die Natur seines Leidens auch noch minutiös anderen Leuten mitzuteilen. So befürchtet Peter, dass jetzt alle Frauen in seinem Stammlokal Bescheid wissen – obwohl das nicht zutrifft. Tina hat darüber geschwiegen.

Erfahrung und Vermeidung

Peter hat also eine schlechte Erfahrung gemacht, die ihn blockiert. Wieder andere, die mit psychogenen Erektionsstörungen zu kämpfen haben, leiden vielleicht unter einem beruflichen Burn-Out-Syndrom, haben grundsätzliche Beziehungsprobleme, haben entweder Angst vor einem Misserfolg oder sexueller Manipulation oder Gewalt erfahren. Oder aber der Gedanke an Sex ist, wie häufig bei sehr religiösen Menschen, eher negativ besetzt und die Lust wird bereits im Keim erstickt.

Manche dieser Probleme treten selbstverständlich auch gemeinsam auf: Mit Sicherheit bekommt ein Mann, der sich sozusagen »verweigert« irgendwann gravierende Beziehungsprobleme, denn auch der Leidensdruck der jeweiligen Partnerin wird immer größer. Andererseits: Überredungskünste und emotionaler Zwang des Partners, die Liebe auch körperlich zu beweisen, können im Betroffenen ein Gefühl der Ohnmacht bzw. »Vergewaltigung« erzeugen. Der Gedanke an Sex bekommt dann den Beigeschmack von Stress, der Körper verweigert den Dienst. Man fühlt sich bestätigt, tritt den Rückzug an und zieht vor, solche Situationen selbst zu umgehen. Natürlich ist das nicht immer möglich, vor allem dann, wenn man in einem Bett schläft und das Ideal hat, immer bereit zu sein und können zu müssen. Aber man ist eben so müde. Oder wieder einmal völlig ausgepowert. Oder kann heute einfach nicht. Und morgen? Und nächste Woche?

Mitteilung des Körpers

Auch wenn sich der Betroffene anderes wünschen mag, sollte er doch versuchen, diese mittlerweile eindeutige Botschaft seines Körpers entschlüsseln zu lernen. Denn eine Erektionsstörung, die häufig oder gar permanent auftritt, macht jedenfalls die Nähe zur Partnerin oder zu Frauen unmöglich. Was nun bedeutet diese Nähe genau und warum kann oder will der Körper sie nicht herstellen?

Die Reaktion des Körpers, der auf einer ganz wesentlichen Gefühls- und Erlebensebene seine Funktion verweigert, kann als Chiffre für einen Konflikt oder zu Grunde liegende, oft tief sitzende Ängste gelesen werden. Behutsamkeit und Geduld sind oberstes Gebot, aber auch Ehrlichkeit und der Wille seitens des Leidenden, der Sache auf den Grund zu kommen.

Welche Ängste, Wünsche und Fragen stecken hinter dieser oft ambivalenten Reaktion »mein Kopf will, der Penis jedoch nicht«? Warum möchte ich sexuelle Nähe zu einem bestimmten Menschen oder aber generell vermeiden?

Leistung und Lifestyle

Warum gehört Mut dazu? Weil sich bei diesem Thema gesellschaftlicher Leistungsdruck, ja regelrechte Mythen von der erotischen Leistungsfähigkeit anderer und damit eigene Erwartungen berühren und solchen Störungen Vorschub leisten können. Auch existieren Informationsdefizite darüber, was im Bett lustvoll und erfüllend ist.

Oft nämlich liegt das Problem nicht an der spezifischen körperlichen Reaktion, sondern vor allem in den Vorstellungen, die sich beide Partner von der Sexualität machen. Diese gehört zum Leben – für viele Menschen aber gehört sie auch nach außen und wird zum Statussymbol. Ein Mensch, von dem man zumindest glaubt, dass er sehr oft und regelmäßig Sex hat, umgibt die Aura des Erfolgreichen. Dies sagt aber nichts über die Qualität der Sexualität aus. Oft sind Paare gar nicht dazu fähig, sich einander ihre erotischen Wünsche und Bedürfnisse mitzuteilen.

Tradition und Selbstwertgefühl

Ein Mann hat oft den Anspruch, seine Partnerin »befriedigen« zu können, auch wenn das Wort zumindest in unseren Augen eine merkwürdig technische und seelenlose Assoziation birgt. Das klingt nach Stellung Nummer Sowieso, nach einer Jagd auf den – möglichst gleichzeitigen Orgasmus – der längst nicht so häufig ist, wie angenommen. Ein Mann, der im Bett versagt, gilt als »Schlappschwanz«. Die Unfähigkeit oder Unwilligkeit einer Frau hingegen, sich erotisch oder sexuell hinzugeben, ist in aller Regel nicht sichtbar, kein Organ versagt den Dienst so augenscheinlich.

Frauen von heute fordern mehr

Auch die weibliche Einstellung zum Sex hat sich hier zu Lande deutlich geändert. Es gab Zeiten, in denen man den Frauen das Lustempfinden einfach absprach und den Vollzug der Ehe als ein natürliches Recht einforderte – und damit auch ihr Recht auf einen guten, leidenschaftlichen und zärtlichen Liebhaber negierte. Die jungen Frauen des 21. Jahrhunderts aber wissen und fordern mehr von ihren Partnern. Dank der emanzipatorischen Bestrebungen haben sie eher gelernt, sich zu artikulieren. Und genau da mag für manche Männer auch ein schwer wiegendes Problem liegen. Eine Frau wie Tina, die ihre Lust mitunter auch aggressiv einfordert, kann auf einen Mann wie Peter erschreckend wirken. Nicht auf den Verstand, der dies vielleicht sogar akzeptiert, sondern auf den Körper. Dieser richtet sich nach seinen Bedürfnissen und zehrt von seinen Phantasien. Und die mögen bei Peter eine gewisse Eroberung einschließen.

Ist es ein Beziehungsproblem?

Peter, so leid es ihm tat, fand Tina mit der Zeit nicht mehr so attraktiv und begehrenswert wie in der ersten Zeit, weil sich die erste Verliebtheit gelegt hat. Das ist an sich nicht ungewöhnlich, dass die erste Leidenschaft sich legt und einem »normalen« erotischen Leben Platz macht. Aber daran lag es nicht.

Peter hatte keine Lust mehr auf sie, weil sie ihm durch ihre abfälligen Kommentare und den Leistungsdruck im Bett einen heillosen Schrecken eingejagt hatte. Tinas Wesen behagte ihm nicht mehr. Masturbieren konnte Peter ohne Probleme – und die Frauen, die er dann vor sich sah, waren ganz anders als Tina: sanfter, weniger verbal direkt, geheimnisvoller und natürlicher. Insofern war seine Erektionsstörung in einem Beziehungsproblem mit Tina verankert – allerdings in einem, das ihm bis heute die sexuelle Nähe zu Simone erschwert. Denn was geschieht, wenn das Versagen und der Rückzug künftig an der Tagesordnung sind? Hätte er damals zu Tina die Wahrheit sagen können: »Ich begehre dich einfach nicht mehr, etwas an deiner Art verursacht mir körperliches Unbehagen«, wäre manches leichter gewesen.

Aber wer traut sich schon, seinem Partner so etwas ins Gesicht zu sagen.

Furcht vor dem anderen Geschlecht

Manche Männer haben generell ein Unbehagen vor der weiblichen Sexualität, vor dem Frauenkörper an sich – ohne sich dessen allerdings bewusst zu sein. Obwohl sie sich nach einer Beziehung zu einer Frau sehnen, tun sie gleichzeitig alles, um diese zu vermeiden. Manche der Betroffenen haben eine vielleicht in der Familiengeschichte (Überbehütung der Mutter,

Aufwachsen ohne Vater, zuviel Nähe zu Frauen etc.) begründete Angst vor einer weiblichen Übermacht – als solche wird sie jedenfalls leicht empfunden. Und jegliche Art von Zwang, auch der eine erwünschte Erektion jetzt und sofort zu haben, geht mit starken Ängsten und Rückzugstendenzen einher. Auch religiöse Gründe, bzw. daraus resultierende Schuldgefühle können, wie bereits erwähnt, bei der Haltung zur eigenen Sexualität eine wesentliche Rolle spielen. Weil man die Lust negativ interpretiert, gestattet sie der Körper schließlich nicht.

Die Rolle des Partners

Natürlich wird er auf Abhilfe drängen, wenn das Problem chronisch geworden ist. Eine Beziehung ohne Sex ist denkbar schwierig zu führen – es sei denn, die Sexualität nähme einen ähnlich geringen Stellenwert bei beiden Partnern ein. Viagra oder ähnliche Mittel helfen übrigens nur dem rein körperlichen »Stehvermögen«, sie können weder Begehren noch Lust erzeugen. Ansonsten helfen Gelassenheit und Zärtlichkeit, das sichere Bewusstsein, dass nichts unbedingt »passieren« muss – notfalls als Recht, das man sich gemeinsam ausstellt. Spielerisch sollte Sex bleiben, um eine als bedrohlich empfundene Routine zu vermeiden. Körper, Geist und Phantasie sollten gespannt sein dürfen, wie es weiter geht. Kein langweiliger uninspirierter Ablauf, nach dem man bereits die Uhr stellen kann. Sex soll und kann neugierig auf einen vertrauten Menschen machen und Sex fängt immer noch im Kopf an.

> Peter sollte zunächst eine Selbstbehandlung versuchen, indem er sich zusammen mit Simone für eine bestimmte Zeit – zum Beispiel: vier Wochen – eine Verordnung erteilt: ›Wir dürfen alles miteinander tun, nur nicht miteinander schlafen.‹ Warum diese Verordnung sinnvoll ist, wird Peter nach Ablauf des gewählten Zeitraumes erkennen! Wenn das Problem zu verfestigt ist und keine Veränderung eintritt, ist eine Sexualtherapie angezeigt, die beide Partner einbezieht.

7 *Die Angst, nicht perfekt zu sein*

Wer Max, 17, und seinen Eltern begegnet, kommt nicht umhin, dieses Abbild einer glücklichen und wohlhabenden Familie zu bewundern. Max' Vater ist souverän und mit allen Anzeichen gesellschaftlichen und beruflichen Erfolgs versehen. Max' Mutter liebt – neben dem Vergnügen, eine hervorragende Gastgeberin zu sein – ihr wunderbares Haus am Stadtrand mit dem großen Garten über alles. Und Max natürlich! Max ist jetzt siebzehn und eitel. Seine Klamotten sind genau so, wie man sie heute haben muss. Die Mädchen seiner Klasse finden Max cool. Seine Eltern werden ihn zum Studieren auf eine Eliteuniversität schicken können – ob Harvard oder Cambridge spielt keine Rolle.

Auf den zweiten Blick

Gibt es denn hier nichts, was den Glanz trüben kann? Natürlich gibt es das – wie in jeder Familie. Und vielleicht ist es hier schlimmer als in anderen Familien, denn Max ist noch nicht allzu lange »trocken«. Max war alkoholkrank und ist nach wie vor stark gefährdet. Wie in aller Welt kann so etwas nur passieren? Junge Alkoholiker assoziiert man in aller Regel mit einem sozial unterprivilegierten Elternhaus, niedrigem Bildungsstand oder generell mit einem Mangel an Perspektiven gesellschaftlicher wie beruflicher Art. Aber doch nicht mit einem geliebten und geförderten Kind aus »gutem« Hause, das in sogenannten, »geordneten« Verhältnissen lebt …

Mittelmäßigkeit

Doch Max möchte nicht irgendwer oder »auch ganz gut« sein, sondern nicht weniger als der Beste, der Interessanteste und der Coolste in Schule und Freundeskreis. Er will von allen Menschen in seiner Umgebung geliebt werden. Was diesen Punkt angeht, ist sein Vater in seinen Augen jener souveräne, willenstarke, von allen Seiten respektierte Mann und Manager, das Vorbild schlechthin für Max.

Doch der Weg zu dessen Akzeptanz ist nicht leicht. Für seinen Vater nämlich ist die Mittelmäßigkeit eine Art Schwäche des Willens, der man unbedingt zu Leibe rücken muss. Nur ein paar mickrige Talente wie Hinz und Kunz sie auch haben? Das reicht nicht. Blockflöte spielen kann schließlich jeder. »Du musst mehr aus dir machen, Max«, sagt der Vater häufig zu seinem einzigen Sohn, der zu seinem Leidwesen nicht gerade das besitzt, was man überdurchschnittliche Intelligenz, Durchsetzungskraft oder Winner-Qualitäten nennen könnte. Doch der Vater ist überzeugt davon, dass das schon noch werden würde.

Ein Idol wird zur Last

Um keinen falschen Eindruck aufkommen zu lassen: Max ist wie die allermeisten seines Alters auch: durchschnittlich begabt, was nichts anderes bedeutet, als dass seine Noten nicht überall gleich gut sind. Aber um herausragend zu sein, muss man in einer Sache exzellent sein. Schon oft hat Max zugehört, wenn der Vater erzählte, wie er sich als junger Mann seine Chancen im Leben schon früh erarbeiten musste – und auf welche Weise ihm dies auch gelang. Sonst wäre er ja schließlich nicht dort, wo er heute ist. Als Max noch ein kleiner Junge war, war sein Vater für ihn ein großer Held. Nun, wo er die Pubertät hinter sich hat und allmählich erwachsen wird, ist das leuchtende Vorbild seines Vaters mittlerweile zu einer Last geworden, ohne dass dies Max – oder seinem Vater – je zu Bewusstsein gekommen wäre.

Mehr zu sein, als man ist

Max hat ein gewinnendes Wesen, daher fiel es ihm nie schwer, Freunde zu finden. Doch einer unter vielen zu sein, war ihm nie genug. Er wollte der Beste sein und dies in möglichst allen Disziplinen, die bei seinen Altersgenossen etwas galten: Ob beim Skateboardfahren oder Streethockey, beim Sampeln von Musik, ob beim Flirten oder den Leistungen in der Schule – letzteres allerdings war das Schwerste. Max wollte immerzu im Vordergrund und Mittelpunkt stehen. Anders, so dachte er, käme er seinem großen Ziel, nämlich so zu werden wie sein Vater, keinen Schritt näher. Max versuchte dies nicht etwa mit Angeberei zu erreichen, sondern mit einem Anflug von Bescheidenheit, mit Freigebigkeit, guter Laune sowie durch etliche Partys, die er organisierte. Die mussten natürlich auch alle ganz besonders sein, wehe, die Leute saßen einfach nur so herum! Und dann kam Ann, der umschwärmte Neuzugang der Klasse, die sich in ihn verliebte und umgekehrt. Ann war seine erste große Liebe und zwei Monate lang war alles wunderbar. Eine Weile lang schien der große Plan aufzugehen.

Die Fassade bekommt Risse

Dass Max jeden Morgen mit Bauchschmerzen aufstand, daran hatte er sich schon beinahe gewöhnt. Kinder und Jugendliche, die überfordert sind und an depressiven Verstimmungen leiden, klagen oft über diffuse Schmerzen wie eben Bauch- oder Kopfweh. Jeder neue Tag schien einen Berg von Verpflichtungen mit sich zu bringen, die Leistung, die er von sich selbst verlangte, war sehr hoch gesteckt. Und wie war das mit seiner Beliebtheit? Schon den Status Quo zu halten, schien Max mitunter schwer genug, Konkurrenzkämpfe gab es schließlich genug. Er litt immer öfter unter düsteren Gemütszuständen und tat sich schwer, Interesse für den schulischen Stoff aufzubringen. Immer häufiger griff er zu dem Mittel, das er bei anderen immer ein wenig verachtet hatte: Er begann auch zu spicken und zu mogeln, was das Zeug hielt – und hatte anfangs

Glück damit. Doch wie sollte das beim Abitur werden? Und dann erst? Wie sollte Max es je schaffen, seinen Ansprüchen und denen seiner Eltern gerecht zu werden? Die Angst vor dem Versagen wuchs still und beharrlich in ihm. Doch Max konnte und mochte sich niemandem anvertrauen, auch Ann nicht. Gerade ihr nicht. Da war es noch wichtiger, cool und stets gut gelaunt zu sein.

Kein typisches Bild

Auch Jugendliche stehen heute unter großem Druck. Nicht allein, was Leistungsdenken oder Zukunftschancen angeht, sondern auch in ihrer Altersgruppe selbst. Natürlich wird das früher prinzipiell nicht leichter gewesen sein, doch birgt jede Zeit ihre ganz spezifischen Anforderungen, die zu erfüllen schwierig sind. Für Max und seine Freunde spielen Statussymbole und Aussehen eine weitaus größere Rolle, als dies bei Jugendlichen zu früheren Zeiten der Fall war, die zum Teil gerade dagegen heftig opponierten. Nicht zuletzt das Diktat der Attraktivität ist heute denkbar stark – und wird von Medien aller Art unterstützt und geschürt. Zugleich kommt eine grundsätzliche »Idee der Mühelosigkeit« hinzu. Sich für ein Ziel so richtig zu plagen, gar Rückschläge hinzunehmen, scheint weniger akzeptiert zu werden als früher. Coole Leichtigkeit und Erfolg über Nacht vertragen sich nicht mit einer geringen Frustrationstoleranz, mit Unsicherheit und Identitätsproblemen, wie sie auch die Pubertät mit sich bringt. Mutlosigkeit steht einem Kid von heute nicht so gut zu Gesicht. So können sich hinter einem lachenden, stets agilen und gut gelaunten Wesen oft eine latente Depression und zahlreiche Ängste, Essstörungen und Suchtverhalten verbergen. Da man sie nicht äußern zu können glaubt, ohne sein mühsam erworbenes Image zu gefährden, muss man sich eben anderweitig behelfen. Auch Max fand schließlich etwas, was ihm auf die Sprünge zu helfen schien.

Fluchten

Am Wochenende war meist Party angesagt – und auch da herrschen natürlich gewisse Regeln. Eine davon lautete: Wer schafft die größte Menge Wodka Orange? Wer verträgt wie viel in einer langen Nacht, wo man sich durch die Clubs tanzt und chillt? Ein Wettbewerb fand auch in dieser »Disziplin« statt und am nächsten Tag gab es immer ulkige Geschichten zu berichten: wie Paco damals vom Mäuerchen fiel oder Arne sich im Suff den Fuß verknackste oder wie sie alle miteinander über den Zaun ins Schwimmbad einstiegen und ihre liebe Not hatten, heil wieder dort herauszukommen. Bei diesen Gelegenheiten wollte Max natürlich auch an vorderster Front sein. Gleichzeitig stellte er fest, dass er nach zwei Wodka Orange wirklich richtig »gut draufkam«, sich relativ gelöst und unverkrampft fühlte, ohne sich dauernd zu kontrollieren, ob und wie er in den Augen der anderen ankam oder eben nicht. Max' Stimmung war einfach toll – und der Kater am nächsten Morgen im Vergleich dazu nicht weiter schlimm. Trinken gehört auch in seiner Clique mittlerweile einfach dazu – wie generell die Alkoholprobleme deutscher Jugendlicher in alarmierender Weise zuzunehmen scheinen. Für Max und seine Freunde bedeutete es zunächst Spaß, Entspannung und Partystimmung, nichts weiter.

Regelmäßigkeit

Warum sollte Max sich ein so entspanntes Gefühl nicht öfter gönnen?

Natürlich ist Trinken gefährlich – aber doch nicht für mich! So dachte nicht nur Max. Alkoholismus war eine abstrakte Krankheit und betraf irgendwelche Penner oder Prolls – aber doch nicht seine Kumpels und ihn. Die Mädchen hielten übrigens auch tapfer mit, mit Ausnahme von zweien, eine davon war Ann. In deren Gegenwart riss Max sich natürlich zusammen. Was ihm auch nicht weiter schwer fiel, denn er hatte zu Hause schon ein bisschen was getrunken um in Fahrt zu kommen. Seinen Eltern fiel nicht auf, dass die Flaschen der gut bestückten Hausbar einen gewissen Schwund aufwiesen. Für akute Notfälle hatte Max schon bald eine Flasche Wodka unter dem Bett und einen Bourbon im Schrank versteckt. Seine Mutter hatte in dieser Zeit viele gesellschaftliche Verpflichtungen, ihre Arbeit und die Tennisturniere. Außerdem war sie davon überzeugt – wie alle, die Max kennen – ihrem Sohn ginge es gut und wenn nicht, käme er mit seinen Problemen sicher zu seinen Eltern. Sie dachte sich nichts dabei, dass Max viel Zeit in seinem Zimmer verbrachte, denn das hatte er immer schon gerne getan. Max kaute Kaffeebohnen und putzte sich die Zähne und so kam niemand auf dumme Gedanken. Außer Ann…

Ein Leidensweg

Immer öfter trank Max sich regelrecht Mut an – vor Klausuren, vor Partys oder Konzerten, auf denen er »gut rüberkommen« wollte. Ebenso vor den Treffen mit seiner Freundin, wo er immer den Strahlemann geben wollte – und bestimmt nicht einen Typ, der Angst hatte, ein Looser zu werden. Denn in den Zeiten, in denen Max nicht trank, begann er sich tatsächlich allmählich wie einer zu fühlen. Elend, selbstmitleidig und von seinem Idealbild Max, der supertolle Typ vollkommen überfordert. Ann fand ihn manchmal einfach nur überdreht.

Es waren Kleinigkeiten – aber jede einzelne davon war dennoch eine Katastrophe. Seine Eltern durften davon nichts erfahren – so passte er den Briefträger ab und fälschte die Unterschrift seiner Mutter. Es ging durch – aber es lag ihm entsetzlich auf der Seele. Er fühlte schon, dass da etwas nicht richtig lief. Nach ein paar Schlucken jedoch spürte er förmlich, wie sich der Alkohol beruhigend um seine angespannten Nerven legte. Die Diskrepanz zwischen seinem Perfektionstrieb und dem Gefühl, mit einem Brummschädel und deprimiert aufzuwachen, konnte Max kaum verkraften. Seine Leistungen ließen deutlich nach. Ann wunderte sich, glaubte ihm aber seine Geschichten von Harvard oder Cambridge, die er ganz enthusiastisch erzählte. Das Studium sei mehr oder weniger eine Frage der hohen Gebühren, sie nähmen einen dann schon. Er war wie seine Kumpels auch und Ann konnte sich nicht vorstellen, dass es ewig so weiter gehen könnte zwischen ihnen. Als sie ihm das sagte, war Max am Boden zerstört – um ihr abends, bei einem Konzert, in überschwänglicher Laune entgegen zu wanken, als sei nichts geschehen. Er hatte es noch niemandem zu sagen gewagt. »Du stinkst nach Bier«, sagte Ann und ließ ihn stehen.

Die Entdeckung

Als Max' Mutter im Schrank unter den T-Shirts die Bourbonflasche fand, dachte sie sich noch nichts dabei – vielleicht ein Geschenk? Erst als sie Max dabei erwischte, wie er heimlich eine große Plastiktüte leerer Flaschen wegbringen wollte, kam ihr die Sache komisch vor. Sie sprach mit ihrem Mann darüber, sobald der zurückkam. Der Vater war in letzter Zeit oft auf Geschäftsreise gewesen und hatte, wie er nun sagte, eigentlich nichts Außergewöhnliches an Max bemerkt. Außer, dass er immer so aufgekratzt wirkte und tausend Zukunftspläne im Kopf hatte. Doch die Flaschen, die Max mit hochrotem Kopf zum Container hatte bringen wollen, sprachen eine deutliche Sprache. »Was kann der Grund sein, dass er so etwas macht? Und heimlich?«, fragte der Vater einigermaßen hilflos, denn er war sich weder einer Schuld noch eines Versäumnisses bewusst und dass auf Partys mal ein Bier getrunken wurde, war ihm auch aus seiner eigenen Jugend nicht neu.

»Wahrscheinlich ist er wie ich und macht alles mit sich alleine aus, wenn er Sorgen hat«, meinte Max' Vater schließlich. Könnte es denn Liebeskummer sein? Ann war in letzter Zeit seltener bei ihnen als früher. Oder hatte er Probleme in der Schule? Als sie darüber sprachen, wurde den beiden zumindest klar, dass Max sich einerseits sehr zurückgezogen hatte und wenig mitteilsam geworden war, andererseits aber eine etwas nervöse Fröhlichkeit und betonte Coolness zur Schau trug. Es war ein Donnerstagabend und Max' Eltern fingen an, aufmerksam zu werden. Als Max gegen Mitternacht nach Hause kam, schien er betrunken zu sein, hatte sich aber sofort in der Gewalt, als er seine Eltern erblickte. Doch dieses Mal konnte er sie nicht täuschen.

Max muss erst einmal begreifen, dass er seine Versagensangst in Alkohol ›ertränkt‹. Das heißt, er ist auf dem Weg in eine Alkoholsucht, weshalb ihm dringend eine Suchttherapie zu empfehlen ist. Am besten beginnt er mit einer stationären Therapie, in der seine körperliche Abhängigkeit sowie seine zugrundeliegenden Ängste behandelt werden.

8 *Prüfungsangst – Die Angst, etwas nicht zu schaffen*

Ines wird nächste Woche dreißig Jahre alt und Esther, ihre Freundin, hat viele, viele gute Wünsche für Ines, die sie seit dem ersten Semester ihres Jura-Studiums kennt. Vor allem Wünsche, die Ines' berufliche Zukunft betreffen. Doch das sollte Esther besser nicht ansprechen, denn nichts macht ihrer Freundin so sehr zu schaffen wie das Thema Zukunft. Vor zwei Jahren hat Esther ihr Studium mit einer hervorragenden Note abgeschlossen – Ines hingegen ist noch mit dem ersten Staatsexamen beschäftigt. Ob sie ihr Studium in absehbarer Zeit beenden wird, steht noch in den Sternen, denn Ines hat eine schreckliche Furcht vor dem Examen und alle Versuche, die sie unternommen hat, um dieser Panik mit Fleiß, Disziplin und einer gut strukturierten Arbeitsplanung entgegenzutreten, haben bislang noch keinen Erfolg gezeitigt.

Situationen

Jede Prüfungssituation, sei es der Führerschein, die Projektpräsentation vor der gesamten Firma oder eine mündliche Aufnahmeprüfung, kann die Symptome auslösen, deren Summe und Verlauf man mit Prüfungsangst bezeichnen kann. So individuell die situativen Beweggründe auch sein mögen, die zahlreichen Betroffenen haben bestimmte Gewohnheiten und Einstellungen gemeinsam. Und deshalb werden wir jetzt Ines ein wenig dabei zusehen, was sie »Prüfungsvorbereitung« nennt. Denn Ines ist ja weder faul noch unmotiviert. Sie selbst hat durch ihre permanente gedankliche Beschäftigung mit dem Thema den Eindruck, sie lerne Tag und Nacht immerzu – wie aber sieht es eigentlich in der Realität tatsächlich aus?

Typische Verhaltensweisen

Natürlich sitzt Ines jeden Tag an ihrem Schreibtisch. Doch sie ist nicht fähig, sich über einen längeren Zeitraum hinweg zu konzentrieren. Nach einer Weile wird Ines schrecklich nervös, blättert mal hier, und kommt dabei vom Hundertsten ins Tausendste und es fallen ihr viele verschiedene Möglichkeiten ein, sich abzulenken. Und was hilft da besser, als sich rasch einen Kaffee zu machen? Oder sich nach einer halben Stunde hektischen Herumblätterns mit Schokolade zu belohnen? Mittags bekommt sie Hunger – und ist damit etwa gut lernen? Und dann gehen die Ausreden weiter: Das Essen, das sie in der Mensa zu sich nimmt, muss dann natürlich erst einmal verdaut werden. Außerdem sollte sie seit Tagen schon bügeln. Und da selbst diese verhasste Tätigkeit interessanter erscheint, als über den Büchern zu brüten, wird nun planlos aufgeräumt und gebügelt, bis das schlechte Gewissen überhand nimmt. Und kaum sitzt sie wieder am Schreibtisch, geht das Spiel von neuem los. Schon so viel Zeit vergangen. »Ich hätte schon da sein können.« So geht es bis in die Nacht, denn Ines sitzt und sitzt, trinkt Kaffee und versucht sich zu konzentrieren – vergeblich! Und doch hat sie es in ihren Augen den ganzen Tag über versucht.

Es ist so, dass Ines sich zwar die ganze Zeit über mit dem Lernstoff beschäftigt, aber unstrukturiert und konfus mit der Materie umgeht.

Was ist wichtig?

Wer eine Prüfungsangst hat, gestaltet seine Prüfungsvorbereitung so, dass er auf keinen Fall an seine Aufgabe gehen kann. Erst recht, wenn noch andere Faktoren wie zum Beispiel private Probleme hinzukommen. Wie soll der jeweilige Stoff auch bewältigt werden, wenn Ines ihn weder eingrenzen noch nach Relevanz ordnen kann? Die Angst kann dazu führen, dass alles gleich wichtig erscheint, eine Gliederung zu erstellen ist daher für sie ein Ding der Unmöglichkeit.

Manchmal hat Ines das Gefühl, sich nichts merken zu können, obwohl sie sich jeden Tag mit der Materie beschäftigt. Immer wenn Ines sich fest vornimmt, dieses oder jenes Gebiet eine bestimmte Zeit lang zu behandeln, macht die konfuse Lernerei ihr einen Strich durch die Rechnung. Und bevor Ines ganz aufgibt, wendet sie sich eben dem nächsten Gebiet zu: Über allem hängt dabei wie ein Damoklesschwert, die Furcht zu versagen.

Körperliche Symptome der Prüfungsangst

Immer wenn Ines sich mit Esther trifft, wird dieser die Unsicherheit ihrer Freundin bewusst. Dabei kann sie dieses Gefühl durchaus nachvollziehen, waren Ines' Anstrengungen doch bis jetzt nutzlos und sinnlos. Nichts auf der Welt motiviert so wie ein Erfolg – und bleibt dieser aus, muss man sich der immer spärlicher werdenden Ressourcen an Mut und Selbstvertrauen bedienen.

Für Ines gibt es kein Fundament, auf dem sie sicher stehen könnte. Sie ist meist unkonzentriert, scheint andauernd unter Strom zu stehen und ist zappelig und hektisch. Sie bereitet sich einerseits ununterbrochen vor, vermeidet es andererseits aber um jeden Preis der Welt, sich zur Prüfung anzumelden und sich der Situation zu stellen. Ständig kreisen ihre Gedanken um die Prüfung – dabei verändert sich merklich der Pulsschlag und ihre Hände werden feucht. Seit Monaten klagt Ines über diverse Verspannungen im Schulter- und Nackenbereich. Von erholsamem Schlaf kann nach den langen Stunden zwischen Kaffeemaschine und Bücherbergen keine Rede mehr sein. Die junge Frau leidet unter Schlaflosigkeit und hat Albträume von Prüfungssituationen, nach denen sie schweißgebadet aufwacht.

Außerdem ist Ines eine ausgesprochene Schwarzmalerin. Dabei tritt das Prinzip der »self-fulfilling prophecy« in Kraft, das heißt eine Prophezeiung, die sich erfüllt, wenn man sich nur lange genugt einredet: »Ich schaffe das nie! Es wird wie immer schief gehen, das weiß ich jetzt schon. Es gibt so vieles, was ich noch nicht kann! Ich kann sowieso nichts! Wieso geht das einfach nicht in meinen Kopf rein?«

Eine Angst – viele Schicksalsgenossen

Ines ist damit an der Universität nicht allein: Etwa ein Drittel aller Studenten leiden unter Prüfungsangst. Über die Gründe kann spekuliert werden: der Massenbetrieb an der Universität, der eine individuelle Betreuung des einzelnen Studierenden schwer macht. Je leistungsorientierter ein Mensch ist, umso höher sind auch seine Anforderungen an sich selbst. Demnach sind es sehr oft die besonders Ehrgeizigen, die unter diesen Ängsten leiden. Fühlt man sich als potenzieller Versager, so trübt dies das Selbstbild gewaltig. Sicher ließe sich ein Teil der Prüfungsangst verringern, wenn an den Schulen Methodik unterrichtet würde, in dem systematisches Lernen und sinnvolle Aufbereitung der Prüfungsthemen angeleitet werden.

Interpretationen und Mechanismen

Überschaubare Aufgaben sind von den meisten Menschen zu meistern, das heißt, sie können ohne größere Probleme ein Normalmaß an Anforderungen in Ausbildung und Beruf erfüllen. Für manche bekommt eine Prüfung eine existenzielle Bedeutung im Sinne von Sein und Nichtsein. Dabei spielt es keine Rolle, wie bedeutend die Prüfung objektiv betrachtet ist. Dabei ist vieles eine Sache der Sichtweise: Die vermeintliche Wichtigkeit der Prüfung führt wiederum zu übertriebenen Angstreaktionen und umgekehrt steigert sich wieder der Stellenwert der Prüfung – ein fataler Mechanismus! Angesichts eines scheinbar bis zum Himmel ragenden Berges, der bezwungen werden will, erscheint die eigene Bewältigungsmöglichkeit verständlicherweise recht gering. Je verlorener und hilfloser man sich im Angesicht eines wahren Himalayas an geforderter Leistung fühlt, desto stärker wird die Prüfungsangst.

Lampenfieber und Panik

Nun hat schon jeder von uns Prüfungen abgelegt, sei es in Schule, im Studium oder im Beruf. Vermutlich niemand würde von sich behaupten, dies immer ausgesprochen gern getan zu haben. Doch die leichte Angst am Vorabend wie auch der minutiös durchlebte Tagtraum, der uns einen Blackout vorführt, sind beides Versuche, sie mehr in den Griff zu bekommen. Ein gewisses Maß an Aufregung gehört dazu, ja ein erhöhter Adrenalinspiegel kann durchaus eine positive Wirkung haben: Das Hormon macht uns wacher, aktiver, leistungsfähiger. Im Wissen, dass man genug gelernt und sich gut vorbereitet hat, kann ein solches Lampenfieber auch eine freudige Erregung mit sich bringen, nach dem Motto: Ich bin gut eingearbeitet!« Und wenn man sich dann noch klar macht, dass Prüfer auch nur Menschen sind, die vielleicht auch vor Prüfungen aufgeregt sind, betritt man zwar aufgeregt, aber nicht völlig verunsichert den Prüfungsraum.

Mündlich oder schriftlich?

Erinnern auch Sie sich mit Grausen an so manche Stottereien vor dem gestrengen Lehrerkollegium? Am wenigsten beliebt sind bei den meisten Menschen mündliche Prüfungen: Viele schrieben lieber einen Roman, als zehn Minuten vor anderen über ein bestimmtes Thema zu sprechen. Dieses Unbehagen ist sehr verständlich, schließlich zeigt man sich bei mündlichen Prüfungen als gesamte Person mit seinen Aussetzern, seinem Auftreten, rethorischem Geschick. In schriftlichen Prüfungen wird die äußere Person nicht sichtbar, denn dort geht es allein um Fakten und ihren adäquaten Ausdruck.

Ängste rund um Prüfungen

Bei Ines ist es bereits die Vorbereitung, die es ihr letztlich unmöglich macht, dass sie wirklich zum Prüfungstermin antritt. Die Prüfungssituation selbst ist ebenfalls eine Quelle von Ängsten und negativen Vorstellungen. Werde ich wieder kein Wort herausbringen? Wie kann ich dem gefürchteten Prüfer kontern? Was ist, wenn mir plötzlich gar nichts mehr einfällt? Was ist, wenn ich schon bei der ersten Aufgabe Panik bekomme, zu rechnen beginne und mich dann verzettle?

Außerdem gibt es die schreckliche Furcht vor dem Versagen und den (gesellschaftlichen) Folgen: »Alle werden wissen, dass ich die Klausur nicht geschafft habe: Tina wird wieder so hämisch grinsen, darauf kann man wetten. Jetzt bin ich schon zum zweiten Mal durch die Fahrprüfung gerasselt, man könnte ja denken, ich hätte nicht alle Tassen im Schrank! Manche lernen den Stoff noch im Bus – und genau das kommt dran. Wieso geht immer nur bei mir alles schief? Die Kollegen spotten hinter meinem Rücken und schauen mich schief an, weil ich die Steuerberaterprüfung nicht geschafft habe, dabei wollte ich mir dadurch endlich mehr Respekt und Prestige verschaffen. Wieso kann nicht endlich mal was klappen? Was für eine Blamage – bin ich denn für alles zu dumm?« Solche und andere Selbstanklagen, die bis zum Selbsthass führen und wiederum einen Teufelskreis in Gang setzen können, sind vielen Betroffenen bestens bekannt.

Daneben gibt es noch die Angst, den aus einer geglückten Prüfung erwachsenden Anforderungen nicht gewachsen zu sein: »Jetzt habe ich das Referendariat endlich hinter mir – aber bin ich wirklich ein guter Lehrer? Die erste Hürde ist geschafft, schon dies schien so schwer, aber jetzt geht es immer noch weiter mit den Anforderungen. Schaffe ich es überhaupt, einem ständigen und sich steigernden Leistungsdruck standzuhalten?«

Persönlichkeitsstruktur

Die Prüfungsangst kann eine Angst sein, die in der Beziehung mit den Eltern entstanden ist. In diesem Fall stellt man deswegen sehr hohe Anforderungen an sich, weil man es in der Kindheit bei den Eltern ebenso erlebt hat. Man entwertet sich, sieht sich enttäuscht an, wie die Eltern einen entwertet und enttäuscht angesehen haben oder man es zumindest glaubte. Ines Eltern, beides erfolgreiche Juristen, begreifen einfach nicht, dass ihre Tochter nicht leisten kann, was ihnen ohne große Mühe gelang. Sie haben schon früh versucht, ihre beiden Kinder zu fördern, zu fordern und anzuspornen, schneller und gescheiter zu sein als ihre Mitschüler. Da die Eltern sich selber in der Schule leicht taten, war es für sie eine gewisse Enttäuschung, dass Ines sich immer ziemlich anstrengen musste und trotz teurer Nachhilfestunden immer wieder Probleme in der Schule hatte. Ihr jüngerer Bruder hingegen schrieb stets gute Noten – und wenn er auch nicht den Beruf eines Juristen wählte, so studiert er doch heute erfolgreich Chemie und hat Aussicht auf einen hoch dotierten Job in der Industrie. Auf Ines Misserfolge reagierten sie daher mit Enttäuschung, einem Seufzen oder Druck. Ihr kleiner Bruder war das leuchtende Vorbild. Kein Wunder, dass Ines nicht (schon wieder) versagen möchte, zumal sie ja auch finanziell vom Wohlwollen ihrer Eltern abhängig ist. Deshalb hat Ines sich ein Attest vom Arzt wegen psychosomatischer Störungen ausstellen lassen und flüchtet sich in diverse Krankheiten, um vor ihren Eltern und Bekannten eine Erklärung zu haben.

Negative Erfahrungen und mangelnde Ausdauer

Verständlich, dass man – hat man erst einmal eine Prüfung »versiebt« – sich vor der nächsten umso mehr ängstigt. So verfestigt sich die Prüfungsangst und führt in einen Teufelskreis.

Es ist nicht besonders angenehm, sich für irgendetwas abplagen zu müssen. Aber wissen wir nicht alle: Wissen muß man sich erarbeiten und Rückschläge gehören auch dazu. »Aber wieso immer nur bei mir?« fragt sich manch einer. Stars entstehen scheinbar über Nacht, wir alle kennen Erfolgsstorys, bei denen allein Glück und gute Beziehungen den Ausschlag gaben und nicht ein Weg mit Entbehrungen und Mühen. Viele Menschen geben daher schon verdrossen und frustriert auf, bevor sie überhaupt angefangen haben. Sie empfinden die Anforderungen generell als gegen sie gerichtet und können nicht begreifen, dass sie mit ihrer Anstrengung keineswegs allein sind.

Der Vergleich mit anderen ist oft ein Auslöser von Ängsten. »Wieso verstehen die anderen die Buchhaltung mühelos, während ich immer davor sitze wie der Ochse vor dem Tor? Wieso hat Esther alles so schnell durchgezogen und ich nicht? Warum bin ich immer im hinteren Drittel, bin ich etwa zum ewigen Mittelmaß verurteilt?« Viele Menschen gehen äußerst hart mit sich selbst ins Gericht und übersehen dabei, dass andere auch Probleme haben. Sie empfinden sich als ewig benachteiligte Pechvögel. So wie Ines, die sich immer noch in der Rolle der großen Schwester eines genialen Bruders sieht. Kein Wunder, dass sich diese Sichtweise dann bestätigt.

Es muss etwas geschehen!

Wie es sich bei dem Glas Wasser genau verhält, ist Esther egal, ihrer Meinung nach ist nun bald das Maß voll: Ines sollte endlich etwas gegen ihre Ängste unternehmen. Die Universitäten bieten mittlerweile professionelle Hilfe und psychologische Beratungsstellen an – gemeinsam in der Gruppe kann man außerdem Lernstrategien entwickeln, die unproduktiven und demotivierenden Lerneigenschaften entgegenwirken können. Sollte das Problem jedoch eher mit der Persönlichkeitsstruktur zusammenhängen – wenn man zum Beispiel wie Ines, ein ängstlicher, schnell zu verunsichernder Mensch ist, für den Leistungsdruck eine schmerzlich erlebte familiäre Realität ist – so ist es ratsam, sich einer Therapie unterziehen. Vielleicht schafft Ines es auf diese Weise, Schritt für Schritt ihre Stärken und Defizite zu erkennen, realistisch einzuschätzen und konstruktiv mit ihnen umzugehen.

Ines sollte zwei Wege gleichzeitig beschreiten: Erstens an ihrer Arbeitsmethodik und Lernstrategie arbeiten und zweitens in eine Selbsthilfegruppe für Menschen mit Prüfungsangst gehen. Dort wird sie sehen, dass sie mit ihrer Angst vor erwartungsvollen, kritischen Augen von Autoritätspersonen, die quasi Elternvertreter sind, nicht alleine ist. In dieser Gruppe findet sie den Raum, das zu trainieren, wovor sie Angst hat.

9 Agoraphobie – Die Angst vor dem leeren Raum

Ja, wenn es nur das wäre, denkt sich Jens, 25 Jahre, Student der Wirtschaftswissenschaften. Groß und gut aussehend, wie er ist, wirkt der junge Mann mit dem schwarzen, lockigen Haar und dem sensiblen Gesicht angenehm auf seine Mitmenschen. Allenfalls ist Jens, so die Menschen, die ihn besser kennen, manchmal ein wenig zu schüchtern und gutmütig oder leicht zu beeinflussen. Kompliziert ist er obendrein. Warum? Jens hat nämlich »so komische Angewohnheiten«.

Marotten und Fluchtwege

Seine Freunde reden schon seit geraumer Zeit über Jens' wunderliche Marotte, im Kino stets den äußersten Platz der Reihe zu besetzen – seinen »Fluchtweg« nennt er das. »Du siehst auch ganz danach aus, als wolltest du Hals über Kopf fliehen«, scherzte einer, der sich über Jens' weit aufgerissene Augen und Nervosität wunderte. Doch die anderen kennen das schon und nehmen die Sache nicht so ernst, obwohl es ihnen hin und wieder gewaltig auf die Nerven geht.

Jens geht auch grundsätzlich nur in die Vorstellung um 18 Uhr, denn um diese Zeit ist das Kino noch nicht voll besetzt. Seit ein paar Monaten geht er überhaupt nicht mehr ins Kino, wie früher eine Kinopremiere zu besuchen. Schon bei dem bloßen Gedanken daran, so Jens, breche ihm der kalte Schweiß aus. Das passiert ihm auch, wenn er mit Annika über eine breite Einkaufsstraße geht. Er sagt das mit seinem scheuen Lächeln, das ihn in Annikas Augen wieder so unwiderstehlich macht.

Er ist eben so

Zu Beginn ihrer Beziehung dachte sich Jens' neue Freundin noch überhaupt nichts bei solchen Aussagen. Er geht eben nicht gerne aus, ja und? Am Anfang verbringt man sowieso alle Zeit zu zweit. Und warum nicht in seinem Zimmer? Jens hat es sich ja wirklich originell eingerichtet und viel Zeit damit verbracht. Das Problem mit dem Ausgehen würde sich mit ihr, der unternehmungslustigen, allseits beliebten und quirligen Annika, sicher bald ändern.

Ich will nicht weg

Weit gefehlt. Ein gemeinsamer Surfurlaub in den nächsten Semesterferien? Nein, da müsse man ja fort von zu Hause – und dass hunderte von Touristen täglich nach Ibiza pilgerten, sei erst recht kein Argument dafür. »Denk doch mal, Annika, wie voll der Flieger ist. Da kann ich mich mit meinen langen Beinen ohnehin nicht reinsetzen. Ach, lass uns doch lieber hierbleiben.« Letzteres sprach er natürlich nicht tatsächlich aus. Stattdessen findet er jede Menge Ausflüchte, warum dies und jenes doch unübersehbar schwierig und letztlich nicht möglich sei. Schließlich müsse er auch so viel lernen, Seminararbeiten stünden an. In ihn zu dringen, hat wenig Sinn.

Annika registriert mit Befremden so etwas wie Angst in Jens' Augen, wenn sie von diesen Dingen überhaupt zu sprechen anfängt. »Wie wirst du das eigentlich machen, wenn du das Auslandssemester in Bristol genehmigt bekommst?« fragt sie. Jens wird blass, fasst sich wie so oft mit der linken Hand instinktiv ans Herz und wechselt dann rasch das Thema.

Die Agoraphobie

Woher kommt der Name dieser weit verbreiteten Zwangsbefürchtung? Die »agora« war im antiken Griechenland der Marktplatz, der Schauplatz des öffentlichen Lebens, und »phobos« bedeutet Furcht. Diese Angstkrankheit hat viele Symptome: die Panik davor, einen leeren Platz zu überqueren oder durch eine Kirche zu gehen, ist nur eines davon. Was jagt eigentlich den Agoraphobikern einen solchen Schrecken ein? Sie befürchten irgendetwas Schreckliches, irgendeine Katastrophe, was genau, wissen sie selbst nicht. Der Körper signalisiert nur eine furchtbare Angst mit Herzrasen, Sehstörungen, Ohnmacht, Schwindel, Schwitzen, erhöhter Adrenalinzufuhr, blasser Gesichtsfarbe durch Flucht- oder Vermeidungsreflexe. Betroffene Menschen wie Jens scheinen ihre unmittelbare Umgebung geistig immer auf Fluchtwege hin zu »kartieren«.

Weitere Symptome einer Panikattacke sind ein Gefühl der Enge in der Brust, Atemprobleme, die Vorstellung gleich einen Herzinfarkt zu bekommen – und eine damit verbundene schreckliche Todesangst. Verständlich, dass man sich dieser Panik vollkommen hilflos ausgesetzt fühlt und alles daransetzt, diese wann immer möglich künftig zu vermeiden. Doch das Netz der Bewegungsfreiheit wird immer enger gezogen, der Aktionsradius immer weiter eingeschränkt. Was bleibt übrig? Die Beschränkung auf die eigenen vier Wände. Letztlich geht es um die Angst, das schützende Haus alleine zu verlassen und damit in Situationen zu geraten, in denen es unangenehm und gefährlich werden könnte.

Multiple Situationsangst

Unter dieser Krankheit werden noch viele andere Symptome und Auslöser zusammengefasst – daher wird sie auch mit dem Begriff »multiple Situationsangst« bezeichnet. Diese Angststörung beinhaltet etwa die Angst vor Menschenansammlungen, die die Betroffenen ebenfalls mit zunehmender Intensität daran hindert, die vertraute Umgebung zu verlassen.

Es handelt sich dabei auch um die große Angst, auf einmal vor aller Augen die Kontrolle zu verlieren, indem man in der Öffentlichkeit bedrohliche Körpersymptome zeigt: schreien, weinen, ohnmächtig werden oder einen Kollaps zu bekommen. Nur die eigenen vier Wände scheinen zuverlässigen Schutz vor einer auf Grund ihrer Unkontrollierbarkeit als bedrohlich empfundenen Außenwelt zu bieten, die Panik erzeugen kann. Die Betroffenen müssen sich fast zwingen, alleine zur Arbeit, zum Einkaufen oder zum Joggen zu gehen und sind heilfroh, wenn sie jemand begleitet. ›Denn was passiert, wenn ich mitten in der Fleischhalle auf dem Stadtmarkt eine Panikattacke bekomme?‹ fragen sie sich etwa. ›Das kann ja jederzeit passieren! Alle Leute werden denken, ich sei verrückt.‹

Angst vor der Angst

So entsteht schon, bevor man sich auf den Stadtmarkt begibt, eine starke Erwartungshaltung im Hinblick auf die Angst – die Angst vor der Angst ist die Folge, und das potenziert sich zusehends. Bereits die Vorstellung der Angst auslösenden Situation genügt, um bestimmte Symptome zu erzeugen. Manchmal kann man sich Linderung verschaffen, indem man einen vertrauten Gegenstand mit nach draußen nimmt, der die ständig lauernde Gefahr vermeintlich abzuhalten vermag. Das kann ein Spazierstock, ein Kinderwagen oder ein Stein in der Manteltasche sein – etwas, woran man sich im buchstäblichen Sinn festhält.

Reisen

Auch der Gedanke an Reisen aller Art kann diese Panik erzeugen. Doch manche Reisen sind einfach unumgänglich, z. B. Geschäftsreisen. Dann setzt sich der Angstkranke dem gefürchteten Flug zwar aus, doch das Stresspotenzial im Vorfeld ist immens hoch. Meistens erweist sich die konkrete Situation selbst als nicht so schlimm wie die Vorstellung vom Start einer Boeing oder einer Schiffspassage – gerade geschlossene, bewegte Räume können Angstvorstellungen hervorrufen. Damit jedoch nicht genug: Der Agoraphobiker fürchtet auch enge geschlossene Räume, in denen er sich festgehalten fühlt. Die Klaustrophobie, die Angst, die manche Menschen in geschlossenen Räumen, z. B. Fahrstühlen, überkommt, ist eine ganz spezifische Furcht vor dem Eingeschlossen sein.

Gibt es einen typischen Agoraphobiker?

Im Allgemeinen sind mehr Frauen als Männer von ihr betroffen, nämlich etwa zwei Drittel aller Kranken. Insgesamt leiden ca. zehn Millionen Menschen in Deutschland an dieser Zwangsbefürchtung oder multiplen Situationsangst.

Über die vielfältigen Ursachen kann man nur spekulieren: Oft (aber längst nicht immer) sind die Betroffenen unsichere Menschen, die sich eher ängstlich und scheu verhalten und sich durch Wohlverhalten Sympathien zu erwerben suchen. Konfliktbereitschaft, Durchsetzungsvermögen oder Risikobereitschaft sind bei ihnen oft nur in geringem Maße vorhanden. Ein Agoraphobiker ist meist stark partner- und familienbezogen – Partner und Familie sind schließlich Teil jenes schützenden Hortes, den er so dringend benötigt. Es müssen bestimmte Umstände vorliegen.

Auslöser

Wann hat dieser Zustand bei Jens begonnen? Oft geht die Krankheit mit einem Umbruch im Leben einher, z. B. einem Zugewinn an Selbstständigkeit oder Verantwortung. Als Jens letztes Jahr nach Kiel zog, um dort zu studieren, begannen die ersten Panikattacken. Ihm war es sehr schwer gefallen, seine Heimatstadt in Süddeutschland zu verlassen, wo er sich wohl und geborgen und von seinem lang vertrauten Freundeskreis geschätzt gefühlt hatte. Jens graute damals förmlich vor seinem ersten Semester »in der Fremde«, vor der gefürchteten Sprödigkeit des Nordens und vor allem davor, sich ganz allein in den weitläufigen Hallen der Universität zurechtzufinden.

Dennoch wusste Jens instinktiv, dass jetzt der passende Zeitpunkt war, seine Familie zu verlassen, um endlich eigenständiger und erwachsener zu werden. Danach hatte er sich schon seit langem gesehnt. Jens' Mutter hatte ihren Sohn, und darunter litt er hin und wieder, ausgesprochen behütet und sich meist viel zu viele Sorgen um ihn gemacht. Manchmal wurde Jens schon mulmig, wenn seine Mutter bis in die Nacht hinein wach lag und sich ausmalte, was alles geschehen könnte. Es hätte ja wirklich etwas Schlimmes, ein Unfall oder dergleichen passieren können! Oder etwa nicht?

Von der Panik zur Agoraphobie

Am Anfang dieser Krankheit steht meist die Panik. 95 Prozent der Agoraphobien beginnen mit Panikattacken, die allerdings mit zunehmender Vermeidung der bedrohlichen Situationen weniger werden können, was den Betroffenen suggeriert, ihre Strategie sei richtig. Etwa drei Viertel aller Panikpatienten wiederum entwickeln eine Agoraphobie. Der erste Anfall kann aus mehreren Gründen kommen: z.B. nach einem einschneidenden Erlebnis mit körperlichem Kontrollverlust (z.B. ein Kreislaufkollaps), nach Schicksalsschlägen (der Tod eines Familienangehörigen, eine schmerzliche Scheidung), in Stresssituationen oder bei permanenter Überforderung. Warum aber manche Menschen auf Grund solcher Erfahrungen Paniksymptome entwickeln und andere nicht, kann die medizinische Forschung (noch) nicht beantworten.

Wie geht Jens damit um?

Am Anfang war da, wie bereits erwähnt, jenes unheimliche Gefühl, beim Gedanken an eine ganz bestimmte Situation ins »Schwimmen« zu geraten und das Gleichgewicht zu verlieren. Wir erinnern uns an seinen plötzlich aufsteigenden Horror davor, in einer Warteschlange zu stehen und aus irgendeinem Grund die Kontrolle zu verlieren. In diesem Fall war die Vermeidung einfach: Jens beschloss, einfach nicht mehr die Cafeteria zu besuchen, sondern sich etwas zu essen und eine Thermoskanne Kaffee mitzubringen.

Nun weiß nicht nur jeder Student, dass Cafeterien weniger der Nahrungszufuhr, sondern hauptsächlich dem »social life« dienen. Nach den Seminaren trifft man sich dort und knüpft verschiedene Kontakte. Insbesondere ein Neuling in der Stadt wie Jens könnte diese bewährte und zwanglose Begegnungsstätte gut gebrauchen. Aber wann immer ihn jemand nach der Vorlesung fragte: »Jens, kommst du mit?«, lehnte er ab. Das trug ihm nach und nach den Ruf ein, arrogant zu sein und mit den anderen nichts zu tun haben zu wollen. Jens war davon nicht besonders erbaut, denn es entsprach ja keineswegs der Wahrheit. Doch er konnte schlecht entgegnen, dass er zwar sehr gerne mitkäme, aber leider davor Angst habe. Wie hätte das denn ausgesehen? Er war sicher, er wäre doch sofort als Spinner disqualifiziert worden.

Von leicht zu schwer

Abgesehen von dieser Tatsache konnte Jens eine Weile lang relativ gut mit seiner Furcht umgehen, indem er einfach die Angst auslösende Situation im wahrsten Sinne des Wortes umging. Dies brachte zwar einige Nachteile mit sich, die er aber eben in Kauf nehmen musste. Doch dann bekam Jens Angstzustände, wenn er nur an das Treppenhaus oder die Flure seiner Fakultät dachte. Die Vorstellung, dort inmitten der anderen hinauf- und hinunterzugehen, in die Tiefe zu schauen oder einfach nur in diesen breiten, spiegelnden Gängen zu gehen, ließ sein Herz rasen. Den Aufzug nehmen? Nein, der war garantiert kein Ausweg: Denn dort starrten ihn die anderen an – und was, wenn ihm vor Angst plötzlich übel würde und er sich vor allen übergeben müsste? Nur gut, dass die Semesterferien vor der Tür standen. Zu Hause würde er sich ein bisschen erholen, vielleicht war in letzter Zeit wirklich alles ein bisschen zu viel gewesen.

Dauernde Selbstbeobachtung

War er am Ende vielleicht krank? Jens beobachtete sich und die kleinsten Signale seines Körpers mit Argusaugen: Wieso schwitze ich jetzt? Ist das bereits ein erstes Anzeichen von einem Herzanfall? Ist an allem nur der niedrige Blutdruck schuld? Anstatt sich, wie er sollte, intensiv mit Direktinvestitionen und Statistiken zu beschäftigen, las Jens bevorzugt populärmedizinische Artikel über Herz-/Kreiserkrankungen und glaubte, seinen eigenen Zustand in vielen Einzelheiten beschrieben zu finden. Trotz seiner schier unüberwindbaren Abneigung vor vollen Wartezimmern ging Jens zum Arzt, schilderte seine Symptome und wurde gründlich untersucht. Ihm fehlte nichts, er war organisch vollkommen gesund! Das konnte seiner Meinung nach nicht stimmen: Er fühlte sich doch so antriebslos, so müde und schlapp, gleichzeitig allerdings übernervös. Und das Herz – es schien ihm, als könne es jeden Augenblick stehen bleiben. »Geben Sie mir doch wenigstens effektive Kreislauftropfen«, bat Jens seinen Hausarzt.

Schutzfunktionen

Seither hat der junge Mann sich eine Palette raffinierter Strategien für die Alltagsbewältigung zugelegt. Ohne diese Kreislauftropfen aber kann er gar nicht aus dem Haus gehen. Das heißt, *wenn* er aus dem Haus geht! Mittlerweile sind wieder Semesterferien und Jens ist nach Hause gefahren, in der Hoffung, seine Angstzustände würden sich in vertrauter Umgebung, ohne Leistungsdruck und fremde Menschen vielleicht legen. Falsch gedacht: Immer mehr Situationen fallen Jens ein, die bei ihm jene gefürchtete Angst hervorrufen könnten. Ein Streifzug durch Discos und Bars mit den Jungs? »Ach, lieber nicht. Kommt doch einfach vorher noch zu mir, danach könnt ihr ja alleine losziehen. Ich habe darauf keine Lust, später kommt noch ein Film, den ich unbedingt sehen will. Und zum Fußballspielen morgen mag ich nicht mitkommen, ich habe einen miesen Kreislauf zurzeit. Kommt doch später zu mir.«

Die Freunde kommen zwar, wundern sich aber, was für ein fürchterlicher Stubenhocker aus dem früher so unternehmungslustigen Jens geworden ist. So alt ist er doch noch gar nicht! Sogar seiner Mutter, die sich anfangs durchaus freute, ihren Sohn öfter für sich zu haben, wird die Sache allmählich unheimlich. Wieso versteckt er sich zu Hause? Sprechen will Jens darüber offenbar nicht, auch wenn er sich zunehmend als Versager und verunsichert fühlt. Was ist denn bloß los mit ihm?

Handlungsbedarf

Annika ist eine recht gute Beobachterin – und mehr noch, sie hat Jens sehr lieb. Sie hat sich das jetzt drei Semesterferien hintereinander angesehen – und klug, wie sie ist, sich eingestanden, dass seine »Mucken und Zicken« allmählich einen anderen Namen verdienen. Wenn man es recht bedenkt, möchte Jens kaum mehr allein sein, und sie weiß auch, dass er in der Universität nur noch sporadisch die Veranstaltungen besucht, bei denen Anwesenheitspflicht herrscht. Aber nur mit großem Widerwillen und unter sichtlichem Stress. »Ich glaube, du bist richtig krank vor Angst«, sagt Annika eines Tages, als er ihr wieder vorschlägt, doch zu Hause zu bleiben und ein tolles Video anzugucken, anstatt zu Teresas Geburtstagsparty zu gehen, weil es da viel zu voll und zu laut sei. »Da kippt man ja um«, sagt Jens, und noch während er dies sagt, hat Annika das Gefühl, er stelle sich seinen Zusammenbruch gerade in allen Einzelheiten vor.

»Du bist ja ganz bleich«, sagt die junge Frau, »sag mal, hast du nicht selbst das Gefühl, dass dein Zustand schlimmer wird?» Jens überlegt lange. Sein erster Impuls ist es, vehement dagegen zu protestieren, ganz nach dem Motto: Das ist doch nur das nervöse Herz. Dann gibt er zu, dass er immer mehr Probleme habe, irgendwohin zu gehen, sich aus seiner Festung, seinem Zimmer, überhaupt hinauszubewegen. Kann man dagegen etwas tun? Ist es nicht ganz normal, dass man gern in seinem Zimmer ist? Annika verbringt ihrerseits auch gern viel Zeit zu Hause und kann dennoch nächste Woche auf ein Konzert gehen, ohne bei der bloßen Vorstellung tausend Tode zu sterben. »Kann es sein, dass ich krank bin?«, überlegt Jens.

Aufbruch

Nach diesem Tag sind nicht Jens' Symptome beseitigt, aber zwei ganz wesentliche und positive Dinge sind doch passiert: Jens weiß nach einer gründlichen Recherche im Internet und nach einem Vormittag in der Stadtbibliothek, dass er mit diesen Symptomen und Panikattacken nicht allein ist. Viele der in diesen Publikationen erwähnten Symptome kennt er nur zu gut und weiß nun, dass er diese unangenehmen Gefühle mit vielen anderen Betroffenen teilt.

Dieses Bewusstsein macht ihm die Angstzustände theoretisch leichter – nicht zuletzt auch deshalb, weil seine Krankheit nun auch einen Namen hat. Damit ist ihre diffuse Unheimlichkeit schon ein wenig gebannt. Die Symptome, unter denen er leidet, sind wie Schnupfen oder Heiserkeit Zeichen und Hinweise auf eine ganz bestimmte, von der Weltgesundheitsorganisation definierten Krankheit – und keineswegs nur ein individuelles, grenzenloses Ausgeliefertsein an eine ungewisse Reaktion. Er hat nun beschlossen, sich so bald wie möglich therapeutische Hilfe zu suchen.

Jens´ Agoraphobie ist eine der beeinträchtigendsten Zwangsbefürchtungen überhaupt. Therapeutisch muss sie umgehend, konsequent und langfristig tiefenpsychologisch behandelt werden. Zusätzlich hilfreich sind hier – abhängig vom Schweregrad der Erkrankung – körperliche Aktivität, Entspannung und eventuell auch eine medikamentöse Behandlung. Die Erkrankung beginnt meist im frühen Erwachsenenalter und hier liegt auch das Problem: Den Betroffenen fehlt das Fundament für ein selbständiges Leben ohne das ›hilfreiche elterliche Händchen‹.

10 *Die Klaustrophobie – Mir wird es so eng*

Daniel, 34, wird im Betrieb als Paradebeispiel eines sportlichen Menschen gesehen, der viel für seine Gesundheit und Fitness tut. »Dies könnte ja fast Vorbildcharakter besitzen«, – so die Kollegen – »wäre da nicht ein leicht fanatischer Zug dabei. Aber das ist eben so bei solchen Gesundheitsaposteln!« Anstatt wie alle anderen den Lift in den dritten Stock zu benutzen, geht Daniel stets zu Fuß, auch wenn er sich einmal verspätet hat. Auf die harmlose Frage ob er auch mit dem Aufzug fahre, lehnt Daniel brüsk ab und verschwindet im Treppenhaus.

Daneben ist Daniel ein Frischluftfanatiker – und diejenigen, welche im Winter das Büro des Abteilungsleiters betreten, wundern sich, dass immer das Fenster ein Stück offen ist. Aber wer will ihm denn verübeln, was er in seinem Büro tut oder lässt? Bei Meetings ist das etwas anderes, da protestieren manche durchaus, wenn Daniel erst einmal das Fenster öffnet, bevor er sich setzt. »Ist ja kein Wunder, wenn jemand so viel läuft, ist einem eben heiß«, schmunzeln die einen, die anderen empfinden dies als eine Macke. Es gibt schließlich Schlimmeres als ein offenes Fenster oder ein Sprint in den dritten Stock?

Fragen wir doch Daniel, was schlimmer ist. Er wird antworten: »Mit einem Aufzug zu fahren ist das Furchtbarste, was ich mir denken kann. In einer engen geschlossenen Kabine mit anderen, fremden Leuten. Kein Fluchtweg und der gebannte Blick auf die Leuchtknöpfe. Das Sausen im Magen, das man dabei bekommt.« Dieses Unbehagen ist nicht nur auf Aufzüge beschränkt, sondern generell auf geschlossene Räume.

Eng, dunkel, gefährlich

Daniel leidet unter einer häufigen Angststörung, der so genannten Klaustrophobie – einer Furcht, die sich ganz spezifisch auf enge und geschlossene Räume bezieht. Nicht zu verwechseln mit Agoraphobikern, die im Zuge ihrer multiplen Situationsangst auch klaustrophobische Symptome zeigen können. Diese Angst ist wesentlich stärker begrenzt, der Begriff engt sich buchstäblich auf vier sich um die Betroffenen schließenden Wände ein.

Ein Aufzug ist da ein hervorragendes Beispiel. Ebenso gut sind natürlich kilometerlange Autobahn-Tunnel bestens dazu geeignet, einem klaustrophoben Menschen beinahe unüberwindliche Angst einzujagen. Doch muss man im wahrsten Sinne des Wortes durch – außer man verzichtete von vorneherein auf Routen, auf denen Tunnels vorkommen. Dies weiß auch Daniel und deshalb wandert er mit seiner Freundin Gina über Pfingsten in der fränkischen Schweiz. Denn im Auto fühlt er sich mittlerweile auch nicht mehr so besonders wohl, es sei denn, das Fenster ist auf.

»Das kann ja heiter werden im Winter. Du mit deiner ewigen frischen Luft!« Seine Partnerin und er kennen sich noch nicht allzu lange und Gina weiß noch nicht, dass manche von Daniels Angewohnheiten keineswegs einem übersteigerten Gesundheitsbewusstsein entspringen, sondern einer Angst, die er sich nicht anmerken lassen will. Wie sähe das denn aus? Er, der privat wie beruflich sehr belastbare Mann fürchtet sich vor einem Aufzug, den ein Kleinkind zu betreten im Stande ist?

Wie fing alles an?

Wie bei so vielen anderen Phobikern auch: relativ harmlos und zunächst noch gar nicht mit einer bestimmten Angst in Verbindung zu bringen. Es war im Bus und der Sommer war im letzten Jahr extrem heiß. Sie waren gerade einen Kilometer gefahren, da wurde ihm schwindlig und er bekam Atemnot. Mit Sicherheit waren das Kreislaufschwankungen – wahrscheinlich hatte er es einfach übertrieben: Zuerst Tennis mit seinem besten Freund, danach noch zwei Bier, was für ihn schon viel Alkohol war. Gut, so etwas konnte schließlich passieren. Nach einer Weile gab sich dieses unangenehme Gefühl. Kein Wunder, ich hab ja das Fenster gar nicht aufgemacht, erinnerte er sich – und so wurde die erste Vorsichtsmaßnahme etabliert: ein offenes Fenster. Denn jene Kreislaufschwäche war dennoch überraschend und Besorgnis erregend – schließlich war er nicht gerade in einem Alter, wo einem ein Tennismatch nebst Biergarten schon gesundheitlich beeinträchtigen sollten.

Erste Attacke unter der Erde

In diesem Sommer machte er mit seinem Freund Fred eine Reise nach Rumänien. In einem kleinen Städtchen beschlossen die beiden, sich ein altes Bergwerk anzusehen, wovon einige Leute beim Frühstück am Nebentisch geschwärmt hatten. Die zwei trugen nur ihre T-Shirts, lösten ihre Billetts – und damit begann für Daniel ein regelrechter Alptraum. Er hatte sich nicht bewusst gemacht, dass es einige Kilometer in die Erde hinunter ging – und dies mit einem klapprigen Bus, der auch im Tageslicht nicht besonders viel Vertrauen einflößte.

Doch nun war er darin, gefangen. Daniel wurde immer stiller und bereute es zutiefst, auf eine solche Schnapsidee gekommen zu sein. Sein Herz begann zu rasen und der kalte Schweiß brach ihm aus. Er fror. Draußen vor den Fenstern war es stockduster, die Wände des Stollens wurden nur von den Schweinwerfern erhellt, ganz nah waren sie, schroff und sie glänzten von einer Salzschicht. Bald sagte Daniel kein Wort mehr, ließ den von dem kleinen Abenteuer begeisterten Fred einfach reden. Er versuchte, regelmäßig und tief durchzuatmen, um seiner aufsteigenden Panik Herr zu werden. Unten angelangt, wohin man noch über etliche steile Leitern klettern musste, wurde es nicht besser. Ein kleines Licht erhellte flackernd den nun majestätisch hohen Stollen, die jeden Augenblick zu erlöschen drohte. Dann würde er im Finsteren sein, ohne die geringste Aussicht auf natürliches Licht, die Wände würden sich um ihn schließen und ihn ersticken. Der nächste Bus nach oben fuhr erst in zwei Stunden. Daniel musste also ausharren ob er wollte oder nicht, obwohl er am liebsten zu Fuß hinauf gestiegen wäre.

Diese zwei Stunden waren so entsetzlich, wie Daniel es sich niemals vorgestellt hatte. Sein Herz ging rasend, er bekam keine Luft, er war einer Ohnmacht nahe. Fred wunderte sich, wie wortkarg Daniel geworden war, er fand das alles sehr spannend und beeindruckend und hatte ganz offenbar weder Angst vor einem Steinschlag, vor den Höhlenwänden noch Todesangst, diese Glühbirne da oben könne endgültig ihren Geist aufgeben. Erst als Daniel sich weigerte, einen Querschacht zu betreten, merkte Fred, daß etwas nicht stimmte. Aber der flüsterte nur heiser, er fühle sich nicht wohl und hoffe, man könne bald wieder hinauf. Dies geschah auch nach zwei qualvollen Stunden. Danach war Daniel so ausgelaugt, dass er sich hinlegen musste, das Zittern ging zwei Tage nicht weg. Und drei Tage darauf, weigerte er sich mit allen Anzeichen von Panik, die engen U-Bahnschächte Bukarests zu betreten. Noch lange hielt diese Panik an, der Urlaub verlief anders und weniger schön, als er sich das gewünscht hatte. Sein Mut hatte ihn irgendwie verlassen, er überließ Fred die weitere Planung und ärgerte sich über seine Unselbständigkeit.

Kreislauf der Angst

Hier war nun ein wesentliches Kriterium für Phobien generell geschaffen: Die Angst vor der Angst. Die Erwartungshaltung vor einer Angst, die über einen hereinbricht, erzeugt die körperlichen Symptome, welche wiederum die Angst befördern und steigern. Jenes Erlebnis in dem aufgelassenen Schacht hatte sich so sehr in Daniels Gedächtnis festgehakt, dass er diese Panik nun förmlich erwartete, sobald ein Raum eng, dunkel oder abgeschlossen war. Er bekam sie dann auch unweigerlich und versuchte, diese Situationen künftig zu vermeiden.

Das mag bei einem Aufzug gut funktionieren, in anderen Situationen hingegen nicht. Eines Nachts bekam Daniel im eigenen Schlafzimmer, in seinem eigenen Bett Angst, weil eine

Freundin aus Versehen die Rollos nicht hochgezogen hatte. Er wachte schreiend auf und konnte sich nicht mehr zurechtfinden, obwohl er doch genau wusste, dass dies sein Zimmer war. Aber es war so eng und immer enger und nahm ihm den Atem.

Urangst?

Woher diese spezifische Angststörung kommt, lässt viele Interpretationen zu. Die Klausthrophobie als Angst vor dem Eingeschlossen sein, wird immer wieder als eine Urangst beschrieben, vielleicht der Reflex einer »Erinnerung« an die eigene Geburt, wo das Kind auf seinem Weg durch den engen Geburtskanal sicherlich viele Ängste aussteht – ohne dies zu wissen. Schließlich ist die Geburt der heftigste Kampf ums Leben, wie wir ihn später in aller Regel nicht mehr kennenlernen.

Daniel hat eine Art Angstschema aufbaut, in dessen Zentrum die Angst steht, dass alles vorbei ist, dass der Aufzug abstürzt oder stecken bleibt, kurz: dass sein Leben akut bedroht ist. Hatte er doch nach Rumänien im Aufzug eine Art Herzrhythmusstörung bekommen, die einen Notarzt erforderlich machte. Doch man konnte damals wie heute nichts Organisches feststellen.

Beruhigungsmittel?

Daniel will und muss funktionieren. Schon seiner Karriere wegen kann er nicht einfach neben sich stehen oder gar versagen, weil in seinen Gedanken künftige Panikanfälle immer stärker präsent werden. Ihm liegt daher viel daran, um jeden Preis den Schein zu wahren. Er kann sich keinen Aussetzer erlauben.

Damit nicht genug, herrscht augenblicklich im Betrieb eine problematische Umstrukturierung. Unternehmensberater sind im Haus, die ihre Vorstellungen von Effektivität der Geschäftsleitung weitergeben. Ein Grund mehr, um nur ja einen sicheren und kompetenten Eindruck zu machen. Dieser verträgt sich so schlecht mit Ängsten. Noch dazu eine solche, die ihm allmählich immer öfter begegnet. Man kann es nicht anders sagen, Daniel steht auch ohne diese Angst unter gehörigem Stress. Oder hat sie gar damit zu tun? Vielleicht helfen Tabletten?

Aus heiterem Himmel

Viele Angstpatienten schildern übereinstimmend, dass ihre erste Panikattacke »wie aus heiterem Himmel« kam, völlig unerwartet und immer als rein körperliches Symptom mit logischem Grund verstanden: zum Beispiel eine Kreislaufschwäche in der Hitze oder bei schlechter Luft. Dies mag auf die Betroffenen so wirken, dennoch begleiten das auslösende Moment von Phobien oft ein biografischer Wendepunkt, Überlastung, ein Gefühl der Abhängigkeit und Unselbständigkeit und eine sich daran anschließende depressive Verstimmung. Kommen diese Faktoren zusammen, so finden Angststörungen fruchtbaren Boden und werden schließlich chronisch. Je konkreter sich die Angst indes äußert (es ist ein Unterschied ob man vor allem und jedem oder eben »nur« vor geschlossenen Räumen Angst hat) desto mehr kann eine Verhaltenstherapie angewandt werden. Je diffuser die Angst ist, desto mehr ist eine tiefenpsychologisch fundierte Therapie zu empfehlen. Aber in Daniels Fall ist es noch nicht so weit – er müsste erst den Schritt tun, sich professionelle Hilfe zu suchen.

Hilfe auf Rezept

Weil Daniel momentan keinen probaten Ausweg aus seiner Misere sieht, möchte er seinen »komischen Zuständen« wie er es Gina gegenüber andeutet, wenigstens medikamentös beikommen. Eine, wie er meint langwierige Behandlung scheint ihm zum einen noch nicht notwendig, zum anderen wäre sie gar nicht realisierbar. Wie in aller Welt sollte Daniel denn einen Aufenthalt in einer psychosomatischen Klinik oder ähnliches vor der Geschäftsleitung rechtfertigen? Er ist ja offiziell überhaupt nicht krank. Um wenigstens ein bisschen gegenzusteuern und ein Gefühl der Sicherheit zurückzugewinnen, sucht er Freds Praxis auf. Daniel bittet den Freund um leichte Beruhigungsmittel, da er im Beruf funktionieren müsse und augenblicklich schwer unter Stress stünde. Und ein leichtes Schlafmittel wäre auch nicht schlecht, er könne gerade so schlecht Ruhe und Schlaf finden. Und wie sieht es überhaupt mit Antidepressiva aus? »Darf es sonst noch was sein?« fragt Fred, der sich darüber wundert, dass ein Mensch, der sich als glücklich und erfolgreich bezeichnet, mit einem solchen Chemie-Wunschzettel aufwartet. »Hast du denn den Eindruck, du bist depressiv? « fragt er, denn ihm ist nicht entgangen, dass Daniel verunsichert ist. »Ich weiß auch nicht«, erwidert der ausweichend, »es kommt so viel zusammen in letzter Zeit.«

Auf dem Weg zur Sucht

Zunächst helfen die Tabletten in der Tat, und Daniel fühlt sich schon, als habe er die Schlacht mit der Angst gewonnen. Warum soll man sich denn nicht mit Medikamenten behelfen, wenn sie schon zur Linderung von Angstzuständen konzipiert sind? Daniel fällt dabei nicht auf, dass er entgegen seiner Versicherung, nur in Notfällen zur Pillenschachtel zu greifen, sich doch recht häufig daraus bedient. »Rein präventiv«, wie er sagt. Der Tag im Büro vergeht so angenehmer, der Stress fällt von ihm ab und seine geistige Kapazität scheint davon nicht beeinträchtigt. Und beim kleinsten Anzeichen einer Panik, ja bereits vor Arbeitsbeginn, nimmt er ein Viertel. In einem Anfall von neu gewonnener Energie, startet Daniel sogar einen Selbstversuch. Wie wäre es, den Fahrstuhl in den dritten Stock zu benutzen?

Doch kaum haben sich die Türen hinter ihm geschlossen, weiß Daniel, dass ihn die Angst ungeachtet aller Vorsichtsmaßnahmen wieder im Griff hat. Er beginnt zu hyperventilieren, das heißt, er atmet viel zu schnell und verstärkt so die Angstsymptome Schwindel, Herzrasen, Schweißausbruch noch zusätzlich. In der Tat sehen ihn die beiden Kollegen besorgt an. Im ersten Stock verlässt Daniel unter dem Vorwand, die Parkscheibe vergessen zu haben, fluchtartig den Fahrstuhl. In seinem Büro angekommen, muss sich erst eine ganze Weile beruhigen, bis das Zittern seiner Hände vergeht.

Der Alltag wird beeinträchtigt

Wie lästig und erschreckend das ist... Zum ersten Mal zweifelt Daniel an seinem Verstand. Ist er verrückt? Was soll das denn mit diesen Ängsten? Muss er denn abwarten, bis er darüber völlig verunsichert geworden ist? Sein Lebensradius ist schon enger geworden, viel Energie geht in die Beschäftigung mit seinen Ängsten und fehlt an anderen Stellen. Angstkranke Menschen stecken enorm viel Kraft in die Bewältigung eines Alltags voller Tücken und Hindernisse, da sie ja stets glauben, der Angst ausweichen zu müssen. Gerade die Vermeidungshaltung und die Erwartungshaltung bedingen diese Störungen. Dinge, die für andere Menschen leicht und ohne einen Gedanken zu verschwenden, geleistet werden können, werden für Phobiker zum existenziellen Problem – auch der klaustrophobe Mensch ist da keine Ausnahme.

Der richtige Weg – aber die falsche Methode

Daniels Versuch, seiner Angst ganz bewusst und aktiv zu begegnen, war nicht so schlecht. Auch wenn er schon im ersten Stock scheiterte und dadurch in seiner Haltung nur bestärkt wurde. Denn je mehr Terrain Daniel seiner Angst »verschafft«, je öfter und mehr er ihr nachgibt, desto ungehemmter breitet sie sich im Leben aus. Hört oder liest man die Berichte von Betroffenen, so ist erschütternd, wie qualvoll sich ein ganz normal scheinender Alltag gestalten kann. Und wie sehr die jeweilige Angst den Aktionsradius dominiert und diesen zugleich immer mehr verringert.

Vertrauen ist schwer

Hinzu kommt die Angst, sich den »Gesunden« anzuvertrauen. Wie soll man sich denn rationalen Argumenten verschließen? Jeder Phobiker weiß eigentlich selbst, dass seine Angst einen irrationalen Grund hat, weil im Endeffekt keine der Befürchtungen eintritt. Und wenn ein Mensch wirklich im Lift ohnmächtig würde, was wäre dann? Wäre das ein Gesichtsverlust? Daniel würde dies gerne glauben, kann sein Verhalten aber nicht steuern. Es ist schon schwer genug, verständnisvollen Zeitgenossen Ängste mitzuteilen. Doch was ist mit diesen wohl meinenden Kommentaren (»Das ist doch nicht so schlimm«) bis hin zum »Na, du hast Probleme«.

Daniels Arzt und Freund Fred jedoch blickt seinen Patienten mit Stirnrunzeln an, als der nach zwei Monaten schon wieder um ein Rezept kommt – nicht zum ersten Mal, versteht sich. »Weißt du eigentlich noch, dass du diese Medikamente nur im Notfall nehmen wolltest? Bitte sag mir, was genau los ist und wie es dir geht. Ich kann dich vielleicht zu einem Arzt und Psychotherapeuten vermitteln, der mit solchen Erscheinungen Bescheid weiß. Ich hab nämlich das Gefühl, dass mehr dahinter steckt als nur Stress oder Schlafprobleme. Vielleicht sind das in Wirklichkeit die Symptome einer ganz anderen Krankheit. Wie auch immer – eine Tablettenabhängigkeit ist bestimmt keine Lösung.»

Da sich Daniels Ängste zunehmend ausweiten, scheint der Zeitpunkt für eine Verhaltenstherapie überschritten. Daniel muss eine tiefenpsychologische Therapie in Anspruch nehmen. Dort werden die zentralen Fragen sein: ›Worin fühlt Daniel sich eigentlich gefangen? Wovor will er wirklich flüchten?‹ Bergwerkschacht und Aufzug sind sicher nur Stellvertreter für etwas anderes, das ihm die Luft zum Atmen nimmt. Hierauf wird er eine Antwort finden.

11 *Die Bakteriophobie – Die Angst vor der Türklinke*

Jens, 30, ist Beamter beim Amtsgericht mit viel Freude an seinem Beruf. Der junge Mann ist so korrekt wie sparsam – auch aus diesem Grunde lebt er weiterhin in der Einliegerwohnung im Hause seiner Eltern wie all die Jahre zuvor. Wozu sollte er denn ausziehen? Bei den Mieten in dieser Großstadt könnte er kaum mehr etwas für sein Alter zurücklegen. Der finanzielle oder organisatorische Vorteil einer Wohngemeinschaft war auch während des Studiums für ihn ohnehin noch nie in Frage gekommen. Man wisse ja schließlich nie, mit welchen Leuten man da zu tun bekäme.

Und sich über Putzpläne herumzustreiten, habe er keine Lust, auch wolle er seinen Kühlschrank mit niemandem teilen. Und er bringt hieb- und stichfeste Argumente: Wann immer man über die Blüte der WG-Jahre liest, so waren es doch immer »hygienische Fragen«, welche zur Zerrüttung der Nerven und zur baldigen Auflösung führten. Auch ein Zusammenleben mit einer Frau ist für ihn momentan keine Alternative – ganz ehrlich gesagt, kommt ihm bei dem Gedanken als erstes ein von langen Haaren hoffnungslos verstopfter Abfluss in den Sinn.

Nein, nein – wenn er einmal eine feste Freundin habe, so könne er sie ja besuchen. Und so lange das nicht der Fall sei, kümmere es ihn auch nicht, wenn er zu Hause lebe. Seine Mutter wünscht sich einesteils, dass »der Junge« wie alle anderen auch, eine Familie gründet, andererseits hat er eben »Qualitätsstandards«, wie sie aus Gesprächen weiß, die nicht jede Frau erfüllt. »Sauber« soll sie sein, das ist ihm das Wichtigste. »Hygienisch«.

Nicht nur seine Mutter wundert sich bei diesen Worten, das klingt ja so, als wäre das Gros der Frauen schmutzig. Doch auch sie hat in diesem Punkt strenge Grundsätze und Ansprüche an eine künftige Schwiegertochter, vor allem aber was deren Sauberkeit betrifft …

Ansteckungsgefahr allerorten

Auch im Amtsgericht! Weil dort ja die unterschiedlichsten Menschen aus und ein gehen, vom Alkoholiker bis zum Grippekranken, von Leuten, die sich nie die Hände waschen oder die momentan Durchfall haben und ihre Fingerabdrücke auf den Türknäufen hinterlassen. Das jedenfalls ist Jens Phantasie. Eigentlich haben die Leute ihre Hände überall: am Fensterbrett, am Geländer. An die Toilettentüren mag Jens gar nicht denken. Zu diesem Zweck hat er immer ein Päckchen hygienischer Feuchttücher dabei, die er möglichst unauffällig zum Einsatz zu bringen versucht.

Doch damit ist es ja noch längst nicht getan. Manche Toiletten haben zwar diese Plastiküberzüge – aber die Bakterien der Vorgänger sind ja überall, auch auf der Brille und am Toilettenpapierspender … Offen gestanden, versucht Jens seinen Trinkkonsum und damit seine Blase so zu kontrollieren, dass er möglichst selten während der Arbeit zur Toilette muss. Denn sonst kann es dauern. Da man ja nie wirklich sicher sein kann, dass auch wirklich nichts Ansteckendes an einem verbleibt, muss er sich mit einer eigens mitgebrachten Seife die Hände eine Weile lang waschen. Danach fühlt er sich für einen Moment glücklich und sauber, doch schon beim Hinausgehen fühlt Jens sich zusehends schmutziger und nach einer Weile beginnen wieder diese Gedanken permanent in seinem Kopf zu kreisen: Vielleicht sollte er heute abend mal in einer Plastiktüte sein Mäppchen mitnehmen, um es in der Waschmaschine zu waschen und mit Sagrotan zu desinfizieren? Sagrotan ist für Jens die Erfindung schlechthin: Wenn er es verwendet, hat er eine Weile das beruhigende Gefühl des Sterilen, Keimfreien, Sauberen um sich herum. Es gibt tatsächlich Menschen, die sich oder ihre Kinder mit Sagrotan waschen, um die gefährlichen Bakterien in Schach zu halten.

Schaut Jens auf die Straße, so kann er nicht anders als mit Grauen an all die Keime denken, die da so herumschwirren: Fäkalien, Hautpartikel, Staub, Dreck... Was für ein Nährboden an potenziell gefährlichen Keimen, die ihn auf die eine oder andere Weise, sei es durch die Luft, durch Berührung oder Hautkontakt infizieren könnten.

Hygienewahn und Phobie

Diese Angst ist weit verbreitet und kann auch mit Zwangshandlungen, z.B. Waschzwängen einhergehen. Da Ordnung und aseptische Sauberkeit allerdings als häusliche Tugenden gelten und das Werbefernsehen von tausenderlei Mittelchen zur Desinfizierung und Haushalts- und Körper-Hygiene weiß, vermeint sich auch der Bakteriophobiker in bester Gesellschaft. Manchmal wird auch von einem regelrechten Hygienewahn, der gesundheitlich kontraproduktiv ist, gesprochen.

Jeder Mensch hat sein bakterielles Umfeld und benötigt dies auch, um andere Einflüsse abzuwehren. Forschungen haben gezeigt, dass Kinder, die der Vielzahl an Keimen und Bakterien auf einem Bauernhof ausgesetzt sind, weitaus weniger an Asthma oder Hautkrankheiten wie z.B. Neurodermitis erkranken. Sie erwerben im Umgang damit ein reichhaltiges und stabiles Abwehrsystem.

Doch Jens geht es nicht im eigentlichen Sinne um Gesundheit, sondern um die stete Anwesenheit einer Gefahr. Ein Bakteriophobiker hätte am liebsten keine fremden Bakterien an und um sich. Fremdes droht einen zu überwältigen, fremde Bakterien sind aggressiv und durchstoßen den Schutzwall der Sicherheit, der Ordnung und Rationalität. Diese Kleinstlebewesen sind unberechenbar und überall zu finden, man kann sie nicht sehen, hören oder riechen, und ihnen daher auch nicht ausweichen. Man muss mit der Straßenbahn zur Arbeit fahren, wo bei jedem Atemzug unendlich viele Keime lauern. Im eigenen Auto ist man zwar so weit sicher, aber die Angst geht dann am Arbeitsplatz wieder los, wenn fremde Leute mit Straßenschuhen das Büro betreten und ihren Schmutz mitbringen.

Man kann sie ja schlecht, wie zu Hause bitten, Pantoffeln anzuziehen …

Charakterstruktur

Aus all dem kann man ersehen, dass Jens kein besonders spontaner Mensch sein kann. Er liebt seinen Beruf auch deshalb, weil er mit Ordnung zu tun hat, mit klaren Regeln, weil die Welt der Gesetze für ihn überschaubar ist. Wenn nur nicht die seit Ewigkeit abgegriffenen Ordner wären! Manchmal blättert er mit feinen weißen Baumwollhandschuhen um, wenn er allein ist. Jens kann fast böse werden, wenn etwas Unvorhergesehenes oder Überraschendes geschieht. Man muss ihm alles vorab mitteilen oder Termine mit ihm genau absprechen. Am liebsten hätte er sein Leben in einem schriftlichen Tagesordnungsprotokoll niedergelegt und hakte Punkt für Punkt gewissenhaft ab. Dinge, die einfach so geschehen sind ihm ein Greuel, ebenso unbehaglich ist ihm bei jeglichen Äußerungen nicht reglementierter Lebendigkeit: Gefühle, Natur, Schweiß, Körper, Dreck.

Das Elternhaus

Jens Mutter ist eine schon ältere, strenge und gerechte Frau, die alles genauestens abwägt, was sie oder andere tun. Gerne weist sie andere darauf hin, wie eine Tätigkeit leichter oder effektiver zu leisten sei – ihrer Meinung nach. Sie engagiert sich vorbildlich in der Gemeinde und hält ihren Haushalt tipptopp, kein Mensch kann sich je erinnern, dass es dort einmal nicht penibel ordentlich gewesen wäre. Jens Vater schätzte zwar ein schönes Heim, aber hin und wieder ging ihm der Putzfimmel seiner Frau doch gehörig auf die Nerven und er verschwand für drei Tage zum Angeln mit seinen Freunden, von wo er schmutzig, braun gebrannt und bester Laune zurückkam.

Stapfte er dann mit seinen Gummistiefeln durch den Flur stapfte, um den Kleinen in die Luft zu heben oder seine Frau mit einem Kuss zu begrüßen, war seine Frau immer hin- und hergerissen zwischen einem entsetzten Ausruf über den Dreck auf dem Boden und der Freude, dass er wieder da war.

Sexuelle Erziehung

So zeigte seine Mutter ihre Zärtlichkeit auch ihrem Sohne gegenüber nur äußerst selten – aus demselben Grund: um nicht einen wie sie meinte »triebhaften« und Körper bezogenen Menschen, bzw. Mann aus ihm zu machen. Obwohl diese Frau alles penibel unter Kontrolle halten und so akkurat planen konnte: ihre eigene Sexualität, oder besser das, was sie davon wahrnahm und annehmen konnte, schien ihr schon so überwältigend und gefährlich, so vital und archaisch, dass sie es nur schwer mit ihrer eigenen Erziehung in Einklang bringen konnte.

Aufklärung, Angst und Impuls

Jens wurde spät und so gut es eben ging – mit stockenden Worten und hochroten Köpfen – »aufgeklärt«, wobei Mutter und Vater die Sexualität dennoch ziemlich verschieden und für das Kind kaum miteinander vereinbar »darstellten«. Wo sein Vater ein für Jens unangenehmes Kumpel-Augenzwinkern an den Tag legte, welches Freuden suggerierte, die er sich zwischen Vater und Mutter nicht einmal im Traum vorstellen mochte, da schien bei seiner Mutter die Sexualität zwar notwendig, aber gleichzeitig doch anrüchig und schmutzig zu sein. Ihr eigenes Gefühl zur körperlichen Liebe war so kompliziert wie ambivalent: In jüngeren Jahren hatte sie sich davon durchaus angenehm verwirrt und manchmal sogar glücklich gefühlt. Bis schließlich ihre Schuldgefühle, Sex »genossen« zu haben, wieder überhand nahmen und sie wie besessen ihre Spüle wienerte. Die Lust der Frau war zu jener Zeit kein Thema, dementsprechend schlecht konnte Jens' Mutter mit ihren eigenen Sexualität umgehen.

Die Angst als Abwehr

Jens übernahm für sich eher die Sicht der Sexualität als etwas potenziell Bedrohliches und Gefährliches. Doch ebenso hatte ihn die andere Seite, die eher unkomplizierte, sinnlich-grobe Haltung seines Vaters zur Sexualität geprägt – und seither bereiten ihm seine sexuellen Impulse Angst. Es handelt sich schließlich beim Sex nicht zuletzt um einen Austausch von Körperflüssigkeiten – für Jens – mit hohem bakteriellen Risiko! Und obwohl Jens sich schon deswegen vor der körperlichen Nähe einer Frau fürchtet, kann er nicht umhin sich nach anderem zu sehnen als nach einer »sauberen, funktionellen« Masturbation. Diese pflegt er ohne Umstände in die Toilettenschüssel zu erledigen, damit sein Bett flecken- oder besser makellos bleibt und er selbst nicht darauf schlafen muss. Manchmal war er traurig und deprimiert: Sollte das denn ewig so weitergehen? Dass er immerzu allein war und bei dem Wort »Berührung« zuallererst an Keime denken musste? Dass er die schicken Schuhe einer Frau betrachtete, nur um unweigerlich daran zu denken, welche Krankheitserreger diese in seine Wohnung bringen könnten? Wie irrational diese Ansteckungsangst eigentlich war, darüber war er sich, wie die meisten Phobiker vollkommen bewusst, dennoch konnte er nichts dagegen tun, sondern wischte die Einbände der Bücher aus der Bibliothek mit Spiritus und Sagrotan ab.

Soziale Kontakte

Nach Jens' Sozialleben brauchen wir wohl nicht lange zu fragen. Es findet selten und wenn, dann nur auf geschäftlicher Ebene statt, bei Betriebsfesten oder Ausflügen etwa. Dorthin geht er pflichtschuldig, denn er möchte unauffällig und stets kooperativ sein und möglichst nirgends anecken. Freunde hat er nicht, nur einige gute Bekannte. Mit Hans spielt Jens einmal pro Woche Tennis, wozu er sich der Umkleidekabinen wegen furchtbar überwinden muss. Nach dem Sport schützt er irgendwelche Ausreden vor, um nicht mit Hans auf eine Cola, sondern sofort nach Hause gehen zu können – und sich dort noch mal gründlich zu duschen.

Unangemeldete Besuche schätzt Jens nicht, wie er generell nicht zu viele Menschen in seine vier Wände lassen möchte. Sie bringen Dinge mit, die ihn irritieren, die sich einschleichen und ihn schädigen könnten: vitale Impulse zum Beispiel, denen er sich nicht gewachsen fühlt. Diese Angst findet im Bild der mikroskopisch kleinen unheimlichen stets und überall präsenten Lebewesen seinen adäquaten Ausdruck.

Rationalität und mangelndes Vertrauen

Mit Hans redet er bevorzugt über Computerzeitungen, über die neueste Ausgabe von »Wissenschaft und Technik« oder die bemannte Raumfahrt. Alles typische und klischeehafte »Männerthemen«, die das Prädikat des naturwissenschaftlich-rationalen, experimentell Nachweisbaren tragen. Jens wird körperlich unruhig und fühlt sich peinlich berührt, wenn Menschen in seiner Gegenwart persönlich werden oder starke Affekte zeigen – wenn sich ein Gesicht vor Wut oder Freude stark verändert. Dann steht Jens davor mit derselben Mischung aus Faszination und Grauen wie vor einem fremden Fingerabdruck am Fenster der Straßenbahn.

Das Lebendige ist es, was Ansteckungsphobikern fremd und unheimlich ist, wie auch ihr Vertrauen zum Lebendigen gestört scheint. Gegen diese bedrohliche Übermacht versucht Jens, selbst von einer irrationalen Angst gepeinigt, sich mit Rationalität und Ordnung sowie Berechenbarkeit zu wappnen.

Die neue Arbeitskollegin

Alles »Irrationale«, wie er es nennt, jagt Jens daher Furcht ein – wie zum Beispiel diese fürchterlich spontane neue Arbeitskollegin, die es wagte, ihn eines Tages auf ein Bier einzuladen, obwohl sie sich nur vom Grüßen kannten. »Haben Sie nicht Lust, mir einen hübschen Biergarten zu zeigen? Ich lade Sie dafür auch gerne ein«, hatte sie ihn beim Kopierer gefragt. Es war eine Frau mit warmen Augen und einem freundlichen Lächeln, etwas rundlich und sehr nett anzusehen – wahrscheinlich ein bisschen älter als er.

Jens war wie vor den Kopf geschlagen, eine solche Forschheit wollte schließlich erst einmal verdaut sein... Was hatte die denn im Sinn? Wohin sollte das führen? Small Talk in irgendwelchen Biergärten mit Eichenspinnern im Glas und desolaten hygienischen Verhältnissen? Nein, dazu fühlte er sich nicht fähig und er hatte höflich, aber bestimmt abgelehnt. Nicht ohne darüber ein diffuses Bedauern zu empfinden, während er sich gleichzeitig so müde und erschöpft fühlte, als sei er eben einer »Gefahr entronnen«. Dabei war es doch eigentlich eine nette Geste gewesen, grübelte Jens, als er wieder in seinem Büro saß. Ihm klopfte das Herz bis zum Hals.

Angst vor der eigenen Courage

Der eigentliche Grund für seine Abwehr aber war eine gewisse Angst, er könne ihr vielleicht in Gedanken oder Gesten zu nahe treten. Wie würde die junge Frau das denn auffassen? Denn er fand die neue Kollegin auch attraktiv, keine Frage. Schon diese Feststellung ließ ihn den Kopf über sich schütteln. Was war denn los mit ihm? Wieso dachte er über Frau Sommer nach, nur weil sie ihn mal nach einem Biergarten gefragt hatte? Hatte sie am Ende etwas gemerkt?

Menschen, die unter einer Bakteriophobie leiden, haben oft Angst vor ihren eigenen Wünschen und Impulsen, vor allem auf sexuellem Gebiet. Jens fühlt sich hilflos zwischen den zwei Polen seiner phobischen Verfassung: seiner übersteigerten Furcht, kontaminiert, angesteckt, infiltriert und infiziert zu werden – und seinen ganz verständlichen und lange unterdrückten seelisch-körperlichen Wünschen. Vielleicht mag sich seine Furcht auch erst einmal steigern in einer für ihn so prekären psychischen Situation – sozusagen alle Batallione aufbieten, um den betroffenen Menschen nicht ins Leben zu entlassen.

Dennoch könnte genau diese fragile, mit neuen Einflüssen ringende seelische Balance für Jens eine echte Chance bieten, seine Phobie als solche zu erkennen und sich professionelle Hilfe zu suchen. Als Jens nämlich noch kein »Objekt der Sehnsucht« hatte, wurden ihm Enge und Beschränktheit seines Lebens gar nicht bewusst. Vielmehr war er der festen Überzeugung, alles müsse so sein: so abgezirkelt, so steril, so unlebendig. Erst jetzt wünscht Jens sich, freier reagieren zu können, im Leben zu lernen, was andere Menschen auch genießen: Kontakt, Nähe, Zärtlichkeit. Dieser vitale Impuls wird vielleicht Jens' ängstliche und zwanghafte Charakterstruktur ins Positive verändern können.

Der 30-jährige Jens sollte einen sozio-therapeutischen Schritt tun: Aus seinem Elternhaus ausziehen. Das heißt, sich vor allem aus dem Dunstkreis seiner fürsorglichen und ihn damit sehr kontrollierenden Mutter zurückziehen. So lange er seine Bakteriophobie hat, ist er seiner ›Mama‹ treu. Seine größte Chance ist seine Verliebtheit in die neue Arbeitskollegin!

12 *Tierphobie – Spinnen, Mäuse & Co.*

Katja, 35, sieht jedem Sommer mit Bangen entgegen, während ihr Mann Hans sich schon auf sein Tomatenhaus freut und bereits säckeweise Grillkohle beim Baumarkt erstanden hat. Katja kauft stapelweise Fliegengitter – die Dame an der Kasse hat schon mitleidig nachgefragt, ob Katja denn auf einem Bauernhof lebe. »Nein«, sagt Katja kurz und bestimmt und stopft ihre Fliegengitter in eine Tüte. »Ich kann es nur nicht leiden, wenn Insekten hereinkommen«. Die Kassiererin nickt verständnisvoll und ist schon wieder ganz woanders mit ihren Gedanken. Klar, wer will das schon? Wespen in der Limonade, Mücken auf dem Tischtuch, Spinnen in den Ecken – was da alles so kreucht und fleucht, hat wohl niemand ausgesprochen gerne als Gesellschaft.

Aus Unwohlsein wird Phobie

Noch während Katja dies sagt, spürt sie, wie ihr der Schweiß in Strömen ausbricht. Wobei es nicht die Fliegen oder Mücken sind, die ihr einen solchen Schrecken einjagen und denen sie mit den Fliegengittern vor den Fenstern zu Leibe rücken will. Nein, es sind die Spinnen, jene – hierzulande – weitgehend harmlosen Nutztiere. So *kann* man es sehen. Katja sieht es ganz und gar nicht so.

Schon seit frühester Jugend kann sie Spinnen überhaupt nicht leiden – wie so viele Menschen. Was kann der Grund für diese Abneigung sein? Der runde, oft haarige Leib und die dünnen Beinchen dieser Tiere, wie sie blitzschnell über die Wände krabbeln oder die Tatsache, dass es räuberische Tiere sind, die hinterlistig ihre Netze spannen und geduldig warten, bis sich ihre Beute darin verfängt, die dann alsbald eingesponnen und ausgesaugt wird? Biene Maja kennt jedes Kind – und ebenso gut auch die Spinne Thekla, eine überaus tückische und abstoßende Zeitgenossin. Mit Sicherheit ist diese Abneigung, die viele Menschen – übrigens Männer und Frauen gleichermaßen – gegen diese Tiere hegen, zu weiten Teilen ästhetisch begründet und so weit verständlich. Doch es herrscht bekanntlich ein großer Unterschied zwischen dem, was man nicht *mag*, und dem, was man *fürchtet oder nicht erträgt.* Wie äußert sich diese Furcht konkret bei Katja – und inwieweit ist ihre unmittelbare Umgebung davon betroffen?

Um Himmels willen, da hockt schon wieder eine!

Katja hat das Gefühl, alle Spinnentiere der Welt würden sich ausgerechnet in ihrer Nähe zusammenrotten. Deshalb wird jeder Raum, den die junge Frau betritt, auch sofort und beinahe instinktiv nach Spinnen abgesucht. Und sitzt wirklich irgendwo eine in der Ecke oder huscht aus einer Ritze, so geht Katja einfach nicht hinein, bis jemand das Tier entfernt hat – basta! Keine Macht der Welt, weder gutes Zureden noch Ärger, können Katja dazu bewegen. Was in anderen Wohnungen geschieht, darauf hat sie keinen Einfluss – nur die Möglichkeit, diese erst gar nicht zu betreten. Doch was macht sie bei sich zu Hause, um jegliche Begegnung mit Spinnen zu vermeiden? Zu Hause? Dieser Begriff ist beschönigend: Es wird, so Katjas Mann Hans mit einem verzweifelten Lachen, »allmählich eine Festung gegen Spinnen«.

Lebensqualität geht verloren

Lüften? Nur wenn die Fliegengitter vor den Fenstern angebracht sind. Die Terrassentür bleibt auch im Hochsommer geschlossen. Katja sitzt nie mit den anderen beim Grillen, im Freien nämlich empfindet sie die Situation noch viel unüberschaubarer. In den lauen Juninächten sitzt Katja auf der Couch und beobachtet, wie ihr Mann und die gemeinsamen Freunde sich draußen amüsieren. Wie können die anderen sich nur so ungezwungen unterhalten und bewegen, wo doch jeden Augenblick so ein Weberknecht auftauchen kann? Doch verhält es sich nun nicht so, dass Katja in ihren vier Wänden vor dieser Gefahr gänzlich sicher wäre. So manche Spinne umgeht die ausgeklügelten Vorsichtsmaßnahmen und krabbelt hinter einer Holzleiste hervor. Sofort wird Katja starr vor Schreck – doch ist, dem Himmel sei Dank, das Tier verhältnismäßig weit weg: in einem gerade noch erträglichen Sicherheitsabstand. Wehe aber, es bewegt sich auf Katja zu! Dann erwacht sie aus ihrem paralysierten Zustand, rennt zum Fenster und ruft nach Hans, so laut und gellend, dass die Gäste meinen könnten, das Haus stünde in Flammen. Doch sie kennen Katja und wissen, dass es sich dabei nur um einen Weberknecht handeln kann.

So nicht! – Rituale

Hans rennt ohne Zögern ins Haus, weil er weiß, dass er seiner Frau in dieser Situation unbedingt zur Seite stehen sollte. Andernfalls platzt sofort die Party. »Denn Katja«, so ein alter Bekannter, »kennt da nichts, wenn sie eine Spinne sieht.«

Als er Katja vor drei Jahren kennen lernte, dachte Hans, er müsse nur einfach auf die Tierchen treten – und tat es widerwillig, denn ihm persönlich macht keine Spinne der Welt etwas aus. Hans machte dem Geschöpf also den Garaus – nur um die unliebsame Entdeckung zu machen, dass Katja nun erst recht einen Wut- und Panikanfall bekam. Warum nur? Hans selbst war nun auch Träger jenes übermäßigen Ekels, an seiner Sohle klebte schließlich der Leib des verhassten Tiers. Nahm er gar eine Spinne in seine Hand, um sie hinten im Garten auszusetzen, war das so schlimm, dass ihn seine Frau gar nicht mehr berühren wollte.

Heute ist Hans klüger und hält die von Katja verzweifelt bis aggressiv, mit zitternder Stimme und zitternden Händen verlangten Rituale ein, nach denen die flinken Gesellen »entsorgt« werden müssen: mit dem Staubsauger etwa oder mit einem Glas und einer Postkarte. Kaum ist die Spinne fort, beginnt Katja bitterlich zu weinen, die Tränen wirken wie eine große Erleichterung. Und allmählich beruhigt sie sich.

Arachnophobie

Was wir hier miterleben, sind die Symptome einer Arachnophobie. Woher kommt dieser Name? Arachne war jene begabte Weberin, die es wagte, die Göttin Minerva künstlerisch herauszufordern – und diese Dreistigkeit mit dem Verlust ihrer menschlichen Gestalt bezahlen musste. So ist nach dem Dichter Ovid die Spinne entstanden.

Diese Tierphobie ist weit verbreitet und ebenso häufig wie eine Phobie vor Mäusen oder Schlangen. Eine Vermutung zur Tierphobie besagt, diese Angst habe darin ihren Grund, dass diese Tiere nicht menschenähnlich aussehen. Dies trifft jedoch auf viele andere Tiere auch zu, die nicht angstbesetzt sind – zum Beispiel Schmetterlinge oder Frösche.

Auch eine potenzielle Gefährlichkeit jener mit Ekel und Schauder registrierten Tiere ist in unserem Kulturraum nahezu nicht vorhanden – außer vielleicht bei Ratten oder Flöhen als Überträger von Krankheiten, was verständlicherweise einen Teil des Ekels bedingt. Interessant ist, dass Naturvölker solche Phobien nicht kennen, obwohl sie im Regenwald oder hoch in den Bergen tagtäglich giftigen oder gefährlichen Exemplaren begegnen können. Doch diese Gefahren sind vertraut, man weiß mit ihnen umzugehen und fürchtet sich vor allem nicht grundlos.

Weshalb ängstigen wir uns eigentlich so sehr vor manchen Tieren, während andere zu Publikumslieblingen avancieren? Warum kann ein Regisseur aus diesem Thema kassenträchtige Hollywood-Thriller machen, man denke nur an die Grauen erregenden Filme »Die Fliege« oder »Arachnophobia«? Die Unmittelbarkeit, Geräuschlosigkeit und Schnelligkeit, mit der diese Tiere auftauchen und sich fortbewegen, könnten ein möglicher Auslöser für den heillosen Schrecken sein, der einem beim Anblick einer Blindschleiche, die gerade aus einem Busch gleitet, einer Hausmaus, die durchs Ferienhaus huscht, oder eben eilig dahinkrabbelnden Spinne befällt.

Urangst als genetisches Survivalprogramm

Wie bereits erwähnt, empfinden die meisten Menschen ein gewisses Unbehagen beim Anblick einer Spinne oder einer Schlange. Das ist auch weiter nicht befremdlich, denn uns allen hat die Evolution ein Verhaltensprogramm eingebaut, das uns bestimmten Tiere oder Situationen (noch) mit Vorsicht und Unbehagen begegnen lässt. Man kann sich gut vorstellen, dass es im Lauf der Erdgeschichte und der Geschichte des Menschen vielleicht riesige und lebensbedrohliche Insekten, darunter natürlich auch Spinnen gab, und die Angstreaktion daher eine Errungenschaft war, die einer Horde unter Umständen das Überleben sicherte.

Angst kann ein Vorteil sein

Das »Gen« für Angst vor Tieren, die instinktive Furcht vor einer Schlange oder Spinne gab manchen Menschen demnach einen Vorteil gegenüber denen, die diese Anlage nicht besaßen und damit riskierten, vergiftet, erdrückt oder gefressen zu werden. Solche Urängste lassen vielleicht für Sekundenbruchteile jene fremde und lang vergangene Welt in unserem Gehirn wieder erstehen, in der es potenziell lebensgefährlich war, sich einem unbekannten Tier zu nähern. Wir zivilisierten Menschen, die mittels Handys kommunizieren und uns an Zentralheizungen wärmen, sind längst nicht mehr daran gewöhnt, der Natur ausgesetzt zu sein.

Wenn aus einem Unbehagen oder leisem Ekel eine zeitaufwändige und nervenaufreibende Vermeidungsstrategie wird, so kann man von einer Phobie sprechen. So weit, so gut. Aber weshalb entwickeln manche Menschen aus einer Vorsicht eine regelrechte Phobie? Was ist geschehen, wenn die Betroffenen, um die Begegnung mit den verabscheuten Tieren zu meiden, Stück für Stück ihre Welt einengen müssen?

Sind Katjas Eltern Tierphobiker?

Katjas Mutter fand Spinnen ebenfalls eklig und wollte sie niemals anfassen. Aber wenn diese Frau phobisch war, so konnte sie es zumindest besser verbergen als Katja. In der Tat wissen Freunde und Bekannte häufig nicht, dass ein Mensch in ihrer Nähe unter einer solchen Phobie leidet – so lange sich diese einigermaßen im Rahmen hält. Bei Katja ist das allerdings nicht mehr der Fall, da ihre Reaktionen mittlerweile so heftig geworden sind, dass sie nicht nur im engsten Familienkreis, sondern auch Fremden auffallen.

Trauma und Erfahrung

Ein möglicher Schlüssel zum Verständnis von Katjas Phobie könnte das Verhalten ihrer Mutter sein. Ein ständiges Ängstlichsein von Bezugspersonen mit deutlichen Stressanzeichen ist weitaus häufiger der Grund, warum aus einer verständlichen Urangst eine Tierphobie wird, als ein real stattgefundenes traumatisierendes Erlebnis – etwa als kleines Kind von einem verzogenen Spitz gebissen worden zu sein und von da an alle Hunde wie den Teufel zu fürchten.

Oft ist ein Elternteil selbst Phobiker und hat durch sein Verhalten dem Kind frühzeitig signalisiert, dass bestimmte Tiere oder Dinge Angst erregen, weil sie gefährlich sind. Angst und Fluchtinstinkt gehören zusammen: Das Stresshormon Adrenalin wird ausgeschüttet, Herzschlag und Atmung beschleunigen sich, der Schweiß bricht aus oder eine Ohnmacht droht – damit sind alle Angstsymptome versammelt. Man möchte einer Situation, vor der man Angst hat, um jeden Preis ausweichen und ergreift schreiend die Flucht, sobald eine Spinne dahergekrabbelt kommt. Ein solches elterliches Verhalten kann Kinder stark beeinflussen und prägen, bis sie sich schließlich selbst die

Phobie zu Eigen machen. In anderen Fällen sind die Ursachen nur tiefenpsychologisch zu ergründen, hier nämlich geht es um die Phantasie, die der Phobiker mit dem Tier oder Gegenstand verbindet, vor dem er Angst hat. Von selbst verschwinden Phobien meist nicht, je nach Lebensumständen tendieren sie sogar dazu, sich mit zunehmendem Alter zu verstärken. Das Leid für die Betroffenen und ihre Angehörigen ist beträchtlich und kann sich zu einer echten seelischen Belastung auswachsen. Sehen wir uns doch noch einmal Katjas Fall an.

Alle sind betroffen

Gute Worte und Verständnis der Mitmenschen haben ihr bisher leider wenig geholfen. Das weiß niemand besser als Hans, Katjas Vater und ihre beiden Schwestern. Denn Katja leidet unter ihrer Phobie schon seit Kindertagen, wobei der Familie lange gar nicht bewusst war, dass es sich um eine solche handelt. Den Angehörigen erschien es nur als eine Marotte, die sie von ihrer Mutter »geerbt« habe (»erlernt« wäre hier das treffendere Wort). Bei Katja steigerte sich diese Angewohnheit allerdings immer mehr, während der Zustand der Mutter stabil blieb. Zu guter Letzt hatte die gesamte Familie panische Angst davor, dass irgendwo eine Spinne auftauchen könnte. Nicht weil die anderen Familienmitglieder auch Angst vor dem Tier gehabt hätten, sondern weil dann »dieses Theater«, wie sie es nannten, wieder losging. Das war es, was ihnen mit der Zeit zunehmend Angst einjagte. »Das ist doch nicht mehr normal«, seufzte der geplagte Vater nicht nur einmal.

Also wurden weiterhin Zelturlaube abgesagt und Sommerfeste gemieden, Spaziergänge gestrichen und Fliegengitter en gros gekauft. Wie oft fuhr der Vater zehn Kilometer in den Nachbarort, um dort in Katjas neuer Wohnung eine Spinne aus den Gardinen zu jagen! Wie sehr waren Katjas Schwestern peinlich berührt, als diese, ungeachtet aller Contenance und Feierlichkeit, einen schrillen Schrei bei der Abiturfeier ausstieß, nur weil sie etwas am Boden der Aula krabbeln sah …

Ratio versus Panik

Natürlich ist auch Katja klar, dass ein Weberknecht weder beißt noch sticht oder für sonst irgendwelche Gemeinheiten bekannt ist, sondern auch nur sein Dasein fristen will und sich lediglich von ein paar Mücken ernährt. Dieses Tier kann ihr beim besten Willen nicht gefährlich werden – so sagt es ihr der rationale Verstand, und so reden ihr auch die Freunde und Bekannten zu, die über ihre Phobie Bescheid wissen.

Wir wissen längst, wie wenig die nüchterne Ratio bei Angstkranken ausrichten kann. Darüber hinaus gehen Panik und Phantasie eine unheilige Allianz ein: Die Spinnen multiplizieren sich förmlich im Kopf, sie erscheinen immer grässlicher und Furcht erregender, bis man sich schließlich von riesenhaften Oktopoden verfolgt wähnt und unfähig ist, eine andere Reaktion zu zeigen als Herzrasen und feuchte Hände. Langsam ist das kein Leben mehr, findet vor allem Hans, der sich immer mehr als Kammerjäger denn als Ehemann begreift.

Versuche

Es ist nicht so, dass Katja nicht schon längst nach Hilfe gesucht hätte. Doch es bedeutete für sie keine Erleichterung, Bücher über Spinnen und deren Verhalten zu lesen, wie es ihr etwa ein befreundeter Arzt empfahl. Das Gegenteil trat ein, da diese detaillierten Beschreibungen Katjas Phobie nur noch mehr anheizten.

Ebenso wenig hatte eine Paargespräch Hilfe gebracht. Katjas Mann war zunächst der Ansicht, ihre Phobie könne mit zwischenmenschlichen Problemen zwischen ihnen beiden zu tun haben. Wobei er allerdings nicht sagen konnte, welche Probleme zuerst da waren: die Spinnen oder so manche Lustlosigkeit und Verschleißerscheinungen in ihrer Beziehung. Hans nämlich fühlt sich verständlicherweise zunehmend eingeengt, eingeschränkt und unfrei – quasi hinter Fliegengittern! Noch sehnt er sich nur diffus nach Freiheit, Katja aber fürchtet den Tag, an dem ihm eine attraktive Frau über den Weg läuft, die mit ihm seine geliebten Waldspaziergänge oder Wandertouren unternimmt. Das Paargespräch bei der Diakonie ließ die beiden sich zwar wieder näher kommen, an der Spinnenangst der jungen Frau jedoch änderte sich nur geringfügig etwas, und schon bald darauf war wieder alles beim Alten.

Natürlich ist es nicht sinnvoll, jede Befürchtung zu einer Phobie hochzupielen, aber Katjas Lebensqualität leidet. Sie hat eine spezifische Phobie, die sich auf Spinnen und spinnenähnliche Tiere beschränkt. Zunächst sollte Katja sich konkrete Anweisungen zur Selbstkonfrontation geben. Dabei muss sie einen Plan erstellen, bei dem die Situationen, die sie vermeidet, schrittweise wieder aufgesucht werden, um den Teufelskreis zu durchbrechen. Man beginnt mit der Situation, die man am wenigsten fürchtet. Falls die Selbstkonfrontation nicht den gewünschten Erfolg bringt, sollte Katja eine professionelle Verhaltenstherapie versuchen.

13 *Flugangst – Über den Wolken …*

Für Anja, 35, ist in einer Boeing 707 hoch über dem pazifischen Ozean nicht die Freiheit grenzenlos, sondern die Angst. Kalkweiß und zittrig – trotz der vorsorglich eingenommenen Beruhigungsmittel, die ihr der Arzt für solche Fälle verschrieben hat, sitzt die junge Frau am Gate. Sie sitzt da, die Hände ineinander verkrampft, die Beine umeinander geschlungen und malt sich im Augenblick wieder einmal ein Horrorszenario aus: brennende Tragflächen, Schreie, der Sturz ins Nichts, Stille.

Angststrategie Vermeidung

Weshalb setzt sich diese Frau einer solchen Angst eigentlich aus? Das ist eine in diesem Kontext sicherlich nicht unberechtigte Frage, da die innere »Angststrategie« mit immer größerer Kraft danach strebt, solche angstbesetzten Situationen buchstäblich um jeden Preis zu meiden. Leider – oder glücklicherweise – jedoch ist dies, wie in so vielen anderen Fällen auch, nicht immer möglich. Zum einen, weil Anja als Einkäuferin einer Firma mit internationalen Export-Import-Kontakten beruflich hin und wieder ins Flugzeug steigen muss. Doch auch eine Kreuzfahrt wäre für Anja nicht minder Furcht erregend. Kann nicht immerzu und überall etwas Schreckliches geschehen?

Kampf gegen die Angst

Da gibt es noch einen ganz wesentlichen Grund, weshalb sich Anja trotzdem (noch) an Bord eines Charterfliegers begibt: Weil diese an fremden Ländern und Kulturen interessierte, unternehmungslustige junge Frau sich nicht von einer diffusen und wie in Wellen anbrandenden Angst ihre Reisen diktieren lassen möchte. Sie will aus eigener Kraft dagegen ankämpfen, so gut es irgend geht. Ein bisschen auch um ihres Mannes willen, der ausgesprochen gerne reist und ein Mensch voller Aufbruchstimmung und Fernweh ist.

Komplexe Komponenten

Das, was wir mit dem populären, treffenden Wort als Flugangst bezeichnen, ist ebenso häufig wie banal. Und doch besteht sie, genauer betrachtet, aus mehreren hoch komplexen Angstkomponenten. Diese greifen wie der Mechanismus eines Zahnrads ineinander, und ihre Facetten kann ein aufmerksamer Beobachter in einem Flugzeug leicht selbst feststellen, denn dort hat man gleichzeitig auch das gegenteilige Verhalten vor Augen.

Vereinfacht gesagt, scheint es zwei Arten von Menschen im alltäglichen Flugverkehr zu geben: jene, die sichtlich begeistert aus den Fenstern gucken, die Hälse recken, um nur ja keinen einzigen Augenblick zu verpassen, die begeistert »Ah« und »Oh« rufen, wenn sich die Kette der Alpen oder die endlose, glitzernde Weite des Atlantiks etliche Kilometer unter ihren Sitzen hinzieht. Es sind Menschen, die förmlich ihrem nächsten Flug entgegenfiebern, Charaktere, denen die Beschleunigung beim Start nicht das Geringste auszumachen scheint, es sogar genießen.

Die Paniker

Die andere »Sorte« Menschen schließt dagegen bei klarer Sicht entsetzt die Augen und drückt sich in den Sitz, als wolle sie in den Polstern verschwinden. Sie krallen nach der Hand des Begleiters, die sie mit schraubstockartigem Griff nicht mehr loslassen. Wie ein verängstigtes Kind suchen sie den Blick der Flugbegleiterin und äugen misstrauisch, ob die Crew immer noch guter Laune ist – denn wenn nicht, ist tödliche Gefahr im

Verzug! Sie zählen zu jenen, die auf der Bordtoilette Angst haben, der Luftdruck könnte sie aus dem Flugzeug saugen, wie immer auch das technisch vonstatten gehen mag. Sie fühlen sich schlecht, weil sie jetzt nicht mehr raus können – es sei denn durch den Notausgang ... Und das vor jedem Start obligatorische Schwimmwestenballett im Flugzeug haben Sie wieder nicht verstanden, und die Gebrauchsanweisung bereitet Ihnen Übelkeit und Herzrasen ...

Rational versus irrational

All diese Menschen wissen, dass das Flugzeug sicherer ist als andere Verkehrsmittel – aber unsere Ratio hilft in solchen Fällen leider nur bedingt. Die meisten Betroffenen haben bereits zahlreiche Ratgeber und Publikationen über das Phänomen »Flugangst« gelesen und sind im Bilde darüber, wie das Geräusch klingt, wenn funktionsfähige Landeklappen eingefahren werden. Sie finden es aber immer noch fürchterlich! Sie sind darüber informiert, dass Piloten hervorragend ausgebildete, verantwortungsvolle Menschen sind, und bezweifeln bestimmt nicht wirklich deren Kompetenz. Aber was, wenn doch das Unvorstellbare geschieht? Falls das Radar versagt? Wenn die Katastrophe da ist?

Auch Anja durchforstet in den Wochen vor ihrer Abreise die Zeitungen, nur um dort vermeintliche Warnzeichen zu entdecken. Außerdem fährt sie, so will es Anja jedenfalls scheinen, neuerdings so oft an Friedhöfen vorbei ... Irrational? Ja – und vor allen Dingen quälend.

Symptome nach Maß

Noch bei jeder Urlaubs- oder Geschäftsreisenplanung ist es dasselbe gewesen: An erster Stelle steht der meist vergebliche Versuch von Anja, mit der Angst erregenden Situation doch noch »irgendwie« umgehen zu können. So stellt sie z. B. das Urlaubsziel generell in Frage: »Ach, lass uns doch lieber nach

Straßburg wandern oder mal wieder den herrlichen Donauweg entlang radeln« oder ähnlich lauten ihre Ausreden. Anja ist sich vollkommen bewusst darüber, dass es weder an Kreta noch an Louisiana liegt, weshalb sie immer ein Haar in der Suppe findet: Mücken, Sümpfe, Sirtaki, Touristenströme. Ach, wozu denn überhaupt dorthin?

Ihre Abwehr liegt vielmehr in der Tatsache begründet, dass sie die jeweilige Entfernung mit einem Flugzeug überwinden muss. Der Urlaub fängt dann mit Panik an und hört mit Angstzuständen auf. Sind ein ständig erhöhter Adrenalinspiegel und die notwendige Entspannung vom Berufsalltag denn überhaupt zu vereinbaren? Sollte sie dann nicht lieber gleich zu Hause bleiben?

Verlust an Lebensqualität

Hin und wieder kann Anja auch selbst über ihre mehr oder minder findigen Ausflüchte lachen. Gleichzeitig aber leidet sie wirklich unter jener Furcht, die ihr schon beim bloßen Gedanken an Start oder Landung den Atem nehmen will. Und nicht nur sie selber leidet, sondern auch ihre Angehörigen, die ja beruhigen, trösten und ihr gut zureden müssen – und das immer und immer wieder.

Eine derart vehement geäußerte Angst kann übrigens auch bis dato mutige Vielflieger an Bord anstecken oder zumindest stark irritieren. Es ist stets ein Verlust von Freiheit und Lebensqualität, wenn eine irrationale Angst potenziell im Stande ist, Entscheidungen zu kontrollieren oder gar zu bestimmen.

Phasen der Angst

Ist jedoch gegen alle Widerstände eine Entscheidung für den Flug gefallen, so kommt die zweite Phase, die bis zum Abflug dauern und sich in unterschiedlicher Intensität äußern kann: eine stets zunehmende Bangigkeit, das Gefühl, einem schicksalhaften Verdikt ausgeliefert zu sein, sobald die Tickets in

Anjas Händen liegen. Sie wird geplagt von düsteren Vorahnungen und einer Phantasie, die sich lebhaft die letzten Minuten vor dem Absturz in allen Details ausmalt. Nichts davon hat sich bislang jedoch bewahrheitet, denn bis jetzt kam Anja noch jedes Mal heil in die Lüfte und sicher zur Erde. »Ja, bis jetzt«, sagt sie und blickt beklommen auf ihre Buchungsbestätigung. Vollkommen verkrampft sitzt sie da und knetet nervös ihre Handgelenke.

Folgerichtig bleibt der Stress auch jedes Mal derselbe, denn das erwartete Unglück scheint ja nur aufgeschoben. Je nach Anjas momentaner Verfasstheit verschlimmert sich ihr seelischer und körperlicher Zustand sogar noch.

Die Summe der Ängste und die Persönlichkeit

Auf den ersten Blick wirkt Anja nicht besonders ängstlich auf andere Menschen. Sie hat ein sicheres, Auftreten, spricht klar und nicht zu leise, und sie ist erfolgreich in ihrem Beruf, wo sie sich auch immer wieder bestimmt und willensstark zeigt. Sie kann jene diffusen Ängste, deren Summe der Einfachheit halber auch als Flugangst bezeichnet werden kann, vor anderen Menschen gut verbergen. Nur ihre Freunde und Familie wissen darüber Bescheid.

Betrachtet man die junge Frau jedoch mit einiger Aufmerksamkeit oder lernt man sie besser kennen, so deutet schon rein physisch manches auf eine hochsensible Persönlichkeit hin, sehr empfindsam und körperlich angespannt. Überdies ist Anja mit einer starken, Phantasie ausgestattet sowie der Fähigkeit, sich nahezu alles bildhaft vorstellen zu können. Gräueltaten, von denen sie in den Medien hört, sieht oder liest, verfolgen sie oft tagelang bis in den Schlaf. Ebenso nimmt sie an Nachrichten von Katastrophen übermäßig stark Anteil.

Zu Hause fühlt Anja sich sicher und geborgen – und deshalb bedeutet für sie auch jede Reise ein Wagnis: Das bedeutet nämlich, den Hort absoluter Geborgenheit zu verlassen und in eine bedrohliche Welt geworfen zu werden. Was heißt »bedrohlich« in diesem Zusammenhang? Dass man seine gewohnten, vorhersehbaren und vermeintlich ungefährlichen Bahnen verlassen muss. Alles andere ist fremd, unvertraut, neu und steckt daher potenziell voller Gefahren.

Kontrollverlust und Todesangst

Ein wichtiger Gesichtspunkt bei dieser Angst ist, dass man die Dinge nicht mehr unter Kontrolle zu haben glaubt. Was, wenn der Pilot einen Infarkt bekommt oder gerade heute überfordert und fahrig ist? Ein ängstlicher Mensch vertraut sich und sein Leben nicht leichtfertig einem anderen an – verständlicherweise erst recht nicht einem Unbekannten. Anja stellt sich ihr Sterben während des gesamten Fluges minutiös vor. Sie hat im Grunde Angst, von ihrer Reise nicht mehr zurückzukommen.

Biografische Skizzen

Anjas Mutter ist ein sehr ängstlicher Mensch. Die beiden Sätze, die ihre Kinder am häufigsten hörten, waren: »Pass auf, das ist zu gefährlich« und »Da kann etwas passieren«. Anjas Vater ist auch heute noch am liebsten zu Hause, wo er stets mit Werkstatt und Garten beschäftigt ist. Durch die übergroße Ängstlichkeit ihrer Mutter – bedingt durch deren Kriegserfahrungen – bekam die Welt als solche für die ohnehin phantasiebegabte, empfindsame Tochter etwas Bedrohliches: angefangen mit Gewittern über Wasser bis zu lauten Geräuschen und Dunkelheit. Überall lauert scheinbar etwas, das gefährlich werden kann.

Hilf mir – die Suche nach dem Pendant

Anja suchte sich als Partner ein Wesens- und Charakterpendant. So wählte Anja einen Mann, der vor rein gar nichts Angst zu haben scheint. Und wenn doch, dann auf einem ganz anderen Terrain, von dem sie nichts weiß. Selber stark und vital, wünschte sich Max dagegen eine entsprechende Frau – und war zunächst davon überzeugt, in Anja genau die passende Partnerin gefunden zu haben. Die wahre Persönlichkeit eines Menschen lässt sich jedoch erst im vertrautesten Umfeld herausfinden. Ängstliche Menschen beherrschen zudem häufig eine hervorragende Tarnung und gelten bei nahezu allen Mitmenschen als »ganz normal«.

Das Leben wird brüchiger

Seit einiger Zeit gibt es Probleme in Anjas Ehe, wobei man nicht genau sagen kann, was eigentlich nicht mehr stimmt. Es scheint, als würden jetzt, nach immerhin drei Jahren Ehe, die Unterschiede zwischen den beiden stärker zu Tage treten: Anja hemmt und hindert ihren Mann durch ihre Ängstlichkeit und Panikattacken und versucht ihn dadurch bei sich zu halten. Max bringt allerdings wenig Verständnis für die potenziell lebensgefährlichen Situationen des Fliegens oder Reisens generell auf. Max will sich mehr nach außen orientieren und nicht dem ängstlichen Verhalten seiner Frau anpassen. Manchmal sehnt Max sich nach einem, wie er es nennt, »unkomplizierten« Menschen.

Anja möchte sich jene Entfremdung kaum eingestehen und verdrängt daher die Möglichkeit, dass etwas zwischen ihnen beiden im Argen liegt. Zeitgleich jedoch beginnen die Angstsymptome sich zu verschlimmern. Sie verschiebt sozusagen die Angst vor einer schlimmen Ehekrise auf eine diffuse Angst vor Unerwartetem, vor Fremdem, vor Auflösung oder einem schlimmen Ende wird immer schrecklicher: Sie äußert sich konkret in einer panischen Angst vor dem nächsten Flug – in den gemeinsamen Urlaub nach Südafrika.

Der Angstkranke in seiner Situation

Jede irrationale Angst offenbart die existenziellen Ängste ihrer »Besitzer«. So kann aus einem bloßen Unbehagen beim Fliegen oder Autofahren, das ja vielen Menschen bekannt ist, eine regelrechte Panik werden, wenn sich biografische Strukturen zu ändern drohen, wenn berufliche Probleme auftreten oder wenn sich der Betroffene in einer Situation befindet, die er nicht (mehr) kontrollieren kann. Es ist wichtig, die spezifische Form und Ausprägung der Angst als eine Art Übersetzung für anders nicht mitteilbare Zustände zu verstehen, die immer mit uns selbst, unserer Persönlichkeitsstruktur sowie unserem seelischen, emotionalen und geistigen Zustand zu tun haben.

Erlernt und verlernbar?

Bestimmte Reaktionen sind mit unserer Erfahrung, Erziehung und dem Charakter aufs Engste verbunden. Vermeidungsstrategien sind schon quasi in unserem Bewusstsein »programmiert«. Sie haben sich für das »seelische Überleben« als sinnvoll erwiesen – so lange, bis sie ein zu starkes Eigenleben entwickelt haben. Normalerweise meiden wir die Angst erregenden Situationen und fühlen dadurch existenzielle Nöte manchmal nicht in ihrer ganzen Wucht. Unser Bewusstsein, das darauf programmiert ist, ständig und überall eine Katastrophe gewärtigen zu müssen, erzeugt als Gegenreaktion Vorsicht bis Angst vor allen möglichen Situationen – in besonderem Maße vor jenen, in denen man sich buchstäblich als »in der Luft hängend« (!), auf Gedeih und Verderb einem Menschen ausgeliefert empfindet: im Flugzeug zum Beispiel.

Der Leidensdruck wächst

Erst wenn sich Ängste zu verselbständigen drohen, beginnen die Betroffenen nach Hilfe zu suchen. Sobald sie merken, dass das Ausmaß der Angst das Erträgliche überschritten und unangemessene Dimensionen im Vergleich zum objektiven Auslöser entwickelt hat und sich auch in anderen alltäglichen Bereichen manifestiert, empfinden sie eine gewisse Notwendigkeit zu handeln. Zunächst versuchen es die Betroffenen allein oder zusammen mit ihnen nahe stehenden Menschen. Das mag in vielen Fällen helfen, denn es kann schon eine große Erleichterung bedeutet, mit einem vertrauten Menschen über seine Ängste zu sprechen. »Das ist doch nicht so schlimm, ich finde Fliegen klasse«, ist in einer solchen Situation leider keine besonders konstruktive Ermutigung. Hilfreicher wäre die Frage: »Was könnte denn deine Angst bedeuten? Wieso ist sie jetzt stärker als früher, wieso hat sie nachgelassen, wofür könnte sie stehen?«

Erweist sich indes das Problem als zu hartnäckig und steigern sich die Ängste so weit, dass sie das Leben empfindlich beeinträchtigen, so ist professionelle therapeutische Hilfe nötig. Vor dem Gedanken schrecken viele Menschen aus unterschiedlichen Gründen zurück: sei es, dass sie sich nicht vor einem Fremden seelisch entblößen wollen, sei es, dass ihre Angst einen Schutzwall darstellt, ohne den sie »ganz normal« bei allen täglichen Anforderungen funktionieren müssten.

Bei ganz bestimmten Angstsymptomen, die vor allem situationsgebunden auftauchen (im Flugzeug, im Auto, auf freien Plätzen, in der Fremde etc.), hat man mit einer Verhaltenstherapie gute Erfahrungen gemacht. Sich unter behutsamer fachkundiger Anleitung solchen Situationen aussetzen zu lernen, ohne sie sofort mit bestimmten Folgen oder Gefühlen assoziieren zu müssen, bedeutet bereits eine gewisse Erleichterung.

Wenn es sich aber um eine Phobie handelt, bei der der Phobiker eigentlich vor etwas anderem Angst hat, muß mit einer tiefenpsychologischen Therapie die dahinter liegende Ursache bearbeitet werden. So kann die Angst vor dem Fliegen, bei dem man sein Leben in die Hände des Piloten legt, mit der grundsätzlichen Angst zu tun haben, sich jemandem anzuvertrauen und fallen gelassen zu werden.

Selbstredend wird davon keine Ehe automatisch besser oder der Druck im Beruf nicht geringer. Aber der Umgang mit der Angst wird geübt, indem man sich ihr unter fachkundiger Begleitung stellt. Es wäre schade, wenn Anja ihre Ängste an prinzipiell positiven und sehr bereichernden Erlebnissen und Erfahrungen wie etwa dem Reisen hindern würden. Anja könnte in einem ersten Schritt ihre konkrete Angst in einem speziellen Anti-Flugangst-Training bearbeiten, damit sie schnellstmöglich wieder ohne Einschränkung ihren beruflichen Verpflichtungen nachkommen kann. Möglicherweise ist damit dieses Thema erledigt. Falls bei ihr dann aber stattdessen andere Phobien auftauchen, steckt hinter der Flugangst ein grundsätzliches Problem – wie oben beschrieben –, das wiederum tiefenpsychologisch zu behandeln ist.

14 *Hypochondrie – Die Angst vor der Krankheit*

Paul, 30 Jahre alt, kennt viele Arztpraxen seiner Heimatstadt. Wenn der Werbegrafiker nicht gerade beim Hausarzt sitzt, dann beim Internisten, der endlich herausfinden soll, was ihm eigentlich fehlt. Ihm fehlt bestimmt etwas, da er doch alle Symptome einer Herzerkrankung hat. Paul hat es »mit dem Herzen«, wie er es benennt und auch ausführlich schildert. Bei der kleinsten Belastung schlage sein Herz so heftig und wolle, so scheine es ihm, manchmal richtig aus dem Takt. Was, wenn ihn das gefürchtete Koronarflimmern ereile? Er fühle sich manchmal so … schwach, so nervös – und wie sein Herz dann rast! Da steckt etwas ziemlich Schlimmes dahinter, davon ist Paul überzeugt. Seine Kollegen haben diese Fixierung auf Herzkrankheiten oder einschlägige medizinische Themen immer als Bestandteil seiner »Zipperlein« mit Humor genommen: »Was Paul am Vorabend im ›Gesundheitsmagazin Praxis‹ sieht, das hat er am nächsten Tag, darauf könnt ihr wetten«, sie halten ihn für einen Simulanten, dem eigentlich überhaupt nichts fehlt. Doch Paul sieht in der Tat blass aus und macht einen gestressten Eindruck. Man kann ihm ansehen, dass er leidet, wenn er mit weit aufgerissenen Augen die Hand auf sein Herz legt.

Und doch hat noch kein Arzt auch nur die geringste Spur eines körperlichen Leidens feststellen können: Puls- und Herzfrequenz sind normal, allenfalls eine gewisse nervöse Überempfindlichkeit, die allerdings keine gravierenden Folgen zeitigt. Paul ist mittlerweile verzweifelt – sind denn alle Mediziner bloße Stümper? Wieso helfen sie ihm nicht? Oder verschweigen sie ihm möglicherweise, wie es wirklich um ihn steht?

Zur Hypochondrie

Was wir hier an diesem Beispiel sehen, ist eine Kausalkette von falschen Interpretationen körperlicher Vorgänge, die sich zu einem wahren Teufelskreis für den Betroffenen entwickeln kann. Woran leidet Paul eigentlich? Wie in dem von Bernd Nissen herausgegebenem Buch »Hypochondrie. Eine psychoanalytische Bestandsaufnahme« zu lesen, fasste man um die Mitte des 19. Jahrhunderts diese Symptome gerne zusammen als »Unterleibskränkeleien, Schwermütigkeit oder Grillenkrankheit«. Auch bekannt unter dem Namen »Englische Krankheit« machte die Hypochondrie in manchen Ländern geradezu Furore. Etwa in Italien, wo es der distinguierte Signore mittleren Alters vorzugsweise »mit der Leber« hat und abends nicht nur in die Bar, sondern auch gleich zur Apotheke spaziert, um dort ausgiebig zu fachsimpeln. Ebenso erkürte sich der Franzose dieses Organ als Sitz aller möglichen und unmöglichen Leiden. Die Deutschen jedoch haben den Südländern mittlerweile den Rang als »Europameister beim Arztbesuch« abgelaufen – sie haben es, wie könnte es anders sein, bevorzugt »am Herzen«. Für ein Sammelsurium an vom Betroffenen deutlich wahrgenommenen Symptomen gibt es auch den modernen Sammelbegriff der «vegetativen Dystonie«. Der Hypochonder ist Gegenstand von Lustspielen oder Filmen, doch handelt es sich dabei weniger um eine körperliche als um eine seelische Krankheit, der nur schwer beizukommen ist. »Ach, das ist doch alles bloß psychisch!«, pflegen die enervierten Zeitgenossen nach der tausendsten Schilderung einer vermeintlichen Herzrhythmusstörung zu sagen – eine kränkende und verletzende Aussage für einen Hypochonder, auch wenn sie ein Stückchen Wahrheit enthalten dürfte. Das Krankheitsbild der Hypochondrie oszilliert zwischen Charakteren wie dem schrulligen Stadtneurotiker Woody Allen bis hin zur schweren Wahnkrankheit.

Ein Teufelskreis entsteht

Bei Paul begann alles mit dem Tod seiner Mutter vor fünf Jahren, die ganz plötzlich an eben jenem koronaren Herzflimmern gestorben war. Verständlicherweise war dies ein Schock für die ganze Familie – insbesondere für Paul, der sich sehr gut mit ihr verstanden hatte. Paul konnte damit eine lange Zeit nicht umgehen – wie konnte es nur sein, dass ein scheinbar kerngesunder Mensch wie seine Mutter an dieser tödlichen Krankheit litt? Waren ihre Anfälle von Melancholie oder ihre eher pessimistische Weltsicht nur eine Art »Vorahnung« ihres frühen Todes? Und wenn dem so war, warum sollte er nicht diese Krankheit geerbt haben? Was bei den einen die konkrete Erfahrung einer Krankheit am eigenen Leibe, ist bei anderen Betroffenen ein Krankheitsfall innerhalb der Familie oder aber die Kenntnis einer bestimmten Krankheit durch die Medien, mit der man sich »identifizieren« kann, das heißt deren Symptome einem in irgendeiner Hinsicht vertraut erscheinen.

Wahrnehmung des Körpers

Seither begann in Pauls Wahrnehmung sein Herz von einer als normal empfundenen Peripherie immer mehr ins Zentrum zu rücken. Jeder Mensch achtet auf seinen Körper und spürt, wenn sich zum Beispiel bei Angst oder bei einer anstrengenden Bergtour der Herzschlag erhöht. Ein Hypochonder hingegen, der diese an sich harmlosen Symptome erlebt, interpretiert sie als untrügliche Anzeichen einer schweren Krankheit. Denn diese ist es, die stets im Hintergrund lauert und Gegenstand steter Sorge ist. Der erste Arzt, den Paul deshalb konsultierte, konnte keine Herzrhythmusstörung feststellen. Im Gegenteil, er empfahl ihm Sport – ausgerechnet ihm, für dessen Herz Sport doch wahrscheinlich gefährlich war! Tief enttäuscht und ratlos ging Paul wieder nach Hause. Er fühlte sich schwach und nervös, wieder klopfte sein Herz zum Zerspringen. Ein Allgemeinmediziner ist auch bloß ein Wald- und Wiesendoktor, dachte er, soll der ruhig seine Blinddärme und Hühneraugen kurieren. In meinem Fall muss eben eine Kapazität zu Rate gezogen werden.

Hypochonder und hypochondrische Symptome

Pauls Hausarzt hätte ihm jedoch erzählen können, dass in seiner Praxis (wie auch bei anderen Allgemeinärzten) etwa die Hälfte der Patienten hypochondrische Symptome und 3 bis 14 Prozent das Beschwerdebild einer Hypochondrie aufweisen. Letztere ist dann gegeben, wenn sich die Aufmerksamkeit primär auf ein oder zwei Organe beschränkt und die Befürchtung einer tödlichen oder zumindest gefährlichen Krankheit dahinter steht. Bei hypochondrischen Störungen ist es eine Fülle von Zipperlein, bei denen die körperlichen Symptome selbst im Vordergrund stehen, keine unheimliche Krankheit, die all diese in sich vereint. Anders als bei vielen anderen »psychosomatischen« Krankheiten sind bei der Hypochondrie Männer und Frauen gleichermaßen betroffen.

Schonhaltung und Rücksicht

Was liegt für einen Kranken näher, als sich künftig zu schonen und sich körperlich nicht mehr anzustrengen? Als Paul damals über ständiges Herzstechen und Schwindelgefühle klagte, hatte seine Freundin Inge verständlicherweise große Angst, auch ihr Verlobter könnte an einer Herzkrankheit leiden. Sie umhegte und umsorgte ihn auf rührendste Weise, setzte ihn auf Diät und achtete auch sonst immer sehr auf seine Gesundheit. Inge informierte Freunde und Bekannte, dass man Paul schonen und auf seine körperliche Verfassung Rücksicht nehmen müsse, die bekanntlich nicht die stabilste sei. Paul bekam im ersten Jahr nach dem Tod seiner Mutter sehr viel von dieser Art Aufmerksamkeit, gleichzeitig wurden auch die lästigen Gartenarbeiten nun nach und nach an Pauls Brüder delegiert. Diese Rücksichtnahme kann ein Symptom verfestigen, allerdings ohne dass sich der Betreffende dessen bewusst ist, das nennt man sekundäre Krankheitsform. Nicht, dass Paul sich deshalb wesentlich besser gefühlt hätte – ganz im Gegenteil. Böse Zungen, namentlich seine Geschwister behaupteten, ihm fehle überhaupt nichts und bei der Mutter hätte man vorher nie etwas bemerkt. Mag der »Kranke« auch die Rücksicht sehr genießen und brauchen, so ist der Umkehrschluss, jemand wolle nur genügend Rücksicht und werde deshalb bewusst »krank« noch lange keine probate Erklärung. Die Hypochondrie ist eine komplexe somatoforme Störung, die ihren Grund in der seelischen Einstellung der Betroffenen hat.

Düstere Weltsicht

Ein Hypochonder ist in aller Regel nicht gerade ein ausgesprochener Optimist, der die Dinge gelassen hinnimmt und unerschütterlich an eine positive Entwicklung oder Wendung glaubt, selbst wenn es dazu keinen objektiven Grund gibt. Auch Paul neigt dazu, sein Leben negativ zu sehen. Forderungen, seien sie beruflicher oder privater Natur, werden von ihm als übermäßig anstrengend empfunden. Pauls physische wie psychische Belastbarkeit scheinen gering. Er verfügt über wenig körperliche und geistige Energie und scheut Konflikte. Vor jeder Präsentation bei einem Kunden fühlt Paul sich schlecht – dabei ist er in seinem Beruf begabt und hat keinen Grund, misstrauisch und unsicher zu sein.

Fehlinterpretation und Erwartung

Je intensiver Paul in sich hineinhorcht, umso genauer bemerkt er bereits minimale Veränderungen in seinem körperlichen Befinden und Funktionieren. Sofort werden diese zu Krankheitssymptomen umgedeutet und permanent beobachtet. Ein solches Verhalten führt zu einer regelrechten Erwartungshaltung: Die Symptome wie Herzrasen, Schweißausbrüche etc. steigern sich, wenn man sie sich bildlich ausmalt oder bereits vorwegnimmt. Die beiden Phänomene potenzieren sich gegenseitig: Je mehr Aufmerksamkeit dem Funktionieren des Körpers geschenkt wird, desto mehr Defizite vermeint der Hypochonder bei ihm wahrzunehmen – und desto obsessiver widmet er sich wiederum seinem Körper.

Selbstbeobachtung und Egozentrik

Durch die permanente Selbstbeobachtung kreist ein Hypochonder stark um sich selbst. Nach und nach wird daraus ein Egozentriker, der auch in gewisser Weise abstumpft, weil immer weniger Anregungen von außen an ihn herankommen können. Gespräche drehen sich vornehmlich um seinen Gesundheitszustand, die Lage anderer Menschen interessiert ihn wenig, er hat den Eindruck, dass es denen weitaus besser geht als ihm selbst. Aktivitäten werden gerne mit den Worten abgelehnt: »Tut mir leid, mir geht's gerade nicht so gut.« Paul kann Menschen gar nicht verstehen, die auf die Frage »Wie geht's?« mit einem fröhlichen »Gut« antworten können. Es scheint nur ihn und seine bedrohte Gesundheit auf der Welt zu geben – und jene unheimliche Krankheit, die nur tückisch darauf wartet, mit ihrer ganzen tödlichen Wucht auszubrechen.

Doctor Hopping

Wenn doch nur einer dieser Ärzte irgendetwas von seinem Fach verstünde! Er sei organisch völlig gesund, lauten die Diagnosen übereinstimmend. Eine ganze Reihe von Medizinern kennen und fürchten ihn bereits, weil sie einfach nicht mehr wissen, wie sie auf seine Befindlichkeiten reagieren sollen. Der hypochondrische Patient beharrt auf seiner körperlichen Krankheit – und weder Belastungs-EKGs, noch Blutdruckmessungen oder gar Kuren können ihn vom Gegenteil überzeugen. Er geht davon aus, dass er die Koryphäe schon noch finden wird, die sein Fall offenbar so dringend erfordert. Denn irgendjemand muss ihm doch helfen können, ihm, der sich von Tag zu Tag kränker fühlt.

Vielleicht leidet er an einer bislang unbekannten tückischen Krankheit, gegen die es gar kein Mittel gibt?

Ein Problem der Seele und des Denkens

Das Ansinnen, seine Symptome könnten psychischen Ursprungs sein, lehnt ein Hypochonder empört ab. Für ihn ist die Quelle seiner organischen Leiden ganz klar, es ist das Herz. Eine andere »hat es am Magen«, ein Dritter wieder verspürt »einen furchtbaren Druck auf der Brust«, der ihn in regelmäßigen Abständen zum Notarzt treibt. Die meisten Betroffenen haben eine wahre Odyssee in Arztpraxen hinter sich, bis sie erkennen, dass ihre Probleme mindestens ebenso mit ihrer Seele wie mit ihrem Körper zu tun haben. Bis sie dort Hilfe suchen, ist das Leiden meist schon chronisch geworden – also die Überzeugung, schwer krank zu sein, hat sich derart verfestigt, dass ein Umdenken sehr schwer ist.

Konflikte, Schuldgefühle, Ängste

Hypochonder mögen, was Forschungsergebnisse postulieren, wirklich eine niedrigere körperliche Reizschwelle und eine höhere nervöse Erregbarkeit aufweisen als Andere. Dennoch hält man andere Ursachen für diese Krankheit verantwortlich: Tief sitzende Ängste oder seelische Probleme werden auf die körperliche Ebene verlagert – und damit erfolgreich abgewehrt. Die Aufmerksamkeit wird dergestalt verschoben, dass Auseinandersetzungen mit den zu Grunde liegenden, oft schmerzlichen Konflikten vermieden werden.

Es ist ja »nur« das Herz – und nicht, wie bei Paul, vielleicht eine Angst aus Kindertagen, die geliebte Mutter zu verlieren, deren Tod dann später nicht adäquat verarbeitet und bewältigt wurde. Andererseits kann Paul, krank wie er zu sein glaubt, gerade deshalb auch manche Forderungen oder Bedürfnisse seiner Frau Inge, einer forschen und eher dominanten Person, besser in Schach halten. Paul braucht diesen Rückzug und eine fast kindlich anmutende Geborgenheit. Beides glaubt er unbewußt nur vermittels einer Krankheit leisten zu können. Insofern braucht Paul paradoxer Weise seine Befindlichkeit, auch wenn er unstrittig sehr darunter leidet. Es ist schrecklich, immer wieder Todesangst auszustehen, weil man der festen Überzeugung ist, man stünde kurz vor dem Herzversagen. Doch was wäre Paul ohne »seine« Krankheit? Was wäre er ohne diese ewige Feindin in seinem Inneren, die ihre zerstörerische Wirkung an ihm zu entfalten droht, die ihn auszehrt und schwach macht?

Krankheit als Schutzwall

Mit einer konstruktiven Auseinandersetzung mit seinen Problemen und dem Verschwinden der Symptome, verschwände wahrscheinlich auch gleichzeitig der Schutzwall, den eine Krankheit darstellen kann. Und der, wenn er nur fest genug zementiert ist, (überlebens-)notwendigen Rückzug und Schonung garantiert. Auf der anderen Seite dieses Walls ist der Wind deutlich rauer. Deshalb klagen Hypochonder auch gerne und ausgiebig über ihre Situation, auf jeden gut gemeinten Rat aber antworten sie mit einem »Ja, aber …«, um alsdann minutiös darzulegen, dass die Lage wegen ihres Zustands gar nicht anders sein kann! Denn am Suchen einer neuen Arbeitsstelle ohne Mobbing hindert einen – die Krankheit. An der Prüfung teilzunehmen und sich entsprechend vorzubereiten hindert einen – die Krankheit. Daran, dass man keinen festen Partner findet, kann nur der fragile Gesundheitszustand schuld sein und so fort. Die Betroffenen befinden sich – könnten sie sich von außen beobachten – in einer ausgesprochenen Zwickmühle.

Jetzt ist die Seele dran

Nach vielen nutzlosen Arztbesuchen und Besuchen bei Alternativmedizinern ist Paul mittlerweile mutlos und deprimiert. Sein Herzleiden hat sich nicht gebessert – auch wenn ihm der eine oder andere Arzt Kreislauftabletten gegen seine diffuse »vegetative Dystonie« verschrieben hat. Viele Hypochonder unterziehen sich sogar Operationen, um endlich gesund zu werden – und wundern sich, wenn nach einer Weile wieder alles von neuem beginnt.

Seine Frau macht ihm schließlich den Vorschlag, dass Paul, nachdem die körperliche Medizin nichts fruchtete, nun die psychologische Hilfe in Anspruch nehmen sollte. Sie weiß, dass sich ihr Mann vielleicht dabei verändern könnte – weniger fügsam, weniger leicht lenkbar, aber eben auch weniger anspruchsvoll und anfällig. Sie wünschte sich den vitalen Menschen und Mann zurück, den sie vor dem Tod von Pauls Mutter kannte. Vielleicht, so denkt sie, kann Paul eine Therapie oder eine Psychoanalyse helfen, an die Wurzel seiner Furcht oder seines Traumas zu gelangen. Die Hypochondrie berührt durch die Vorstellung einer stets präsenten, latent wirkenden Krankheit mit tödlichen Folgen immer auch das Verhältnis von Leben und Tod sowie die Angst vor dem Tod.

Paul kann eine tiefenpsychologische Therapie helfen, die an die Wurzel seiner Furcht gelangt. Hypochondrie tritt häufig in Zusammenhang mit einer anderen Krankheit auf, zum Beispiel Angst, Depression, Schizophrenie. Paul – das könnte die Therapie zeigen – wehrt mit der Hypochondrie eigentlich seine Trauer um seine Mutter ab. Er glaubt, die gleiche Krankheit zu haben wie sie und ist ihr damit in seinen Gedanken und Gefühlen sehr nah. Er kann sich mit den ihnen gemeinsamen Symptomen beschäftigen und braucht sich so nicht dem Verlust und seiner Trauer zuzuwenden, die für ihn offenbar unerträglich ist. Das aber ist notwendig.

15 *Die Höhenangst – Akrophobie*

Die Architektin Eva, 45, führt zusammen mit ihrem Partner ein florierendes Architekturbüro in bester Innenstadtlage. Anders als viele Kollegen aus der Branche, können die beiden nicht über mangelnde Aufträge klagen – vor allem interessante Industrie- und Hochbauten sind darunter. Die Arbeitsteilung der beiden ist schon seit Jahr und Tag dieselbe: Ihr Mann Gerd übernimmt die Arbeit auf dem Bau, während Eva zeichnet und projektiert und mit den Kunden verhandelt. Ihr Mann steht also ganz konkret auf hohen Gerüsten, beaufsichtigt die Handwerker und sieht vor Ort nach dem Rechten. Bisher war ihrer beider Arbeitsteilung selbstverständlich, sie bot sich an aus Neigung sowie Begabung – aber das ist nicht alles. Eva kann nicht auf Gerüste steigen – sie kann noch nicht einmal auf einen Stuhl steigen, um eine Birne auszuwechseln. So jedenfalls würde sie es sagen, wenn sie jemand fragte. Kaum befindet sich Eva in einer Position, von der aus sie fallen oder stürzen könnte, so zittern ihr die Knie und sie fühlt sich, als würde sie jeden Moment ohnmächtig. Doch als Architektin behält sie das lieber für sich, das wäre ungefähr dasselbe, als könne ein Schlachter aus Leidenschaft kein Blut sehen. Nein, der Häme oder dem liebevollen Spott ihrer Mitmenschen will sie sich gar nicht erst aussetzen.

Das schaffst du schon

Bislang konnte sie dieses unangenehme und in ihrem Beruf eher nachteilige Gefühl auch im Alltag gut vermeiden. Es zwingt einen schließlich niemand dazu, auf Berggipfel zu klettern und tief ins Tal zu schauen oder im Urlaub auf Hängebrücken zu balancieren, und ebenso wenig musste sie aufs Gerüst oder auf einen Rohbau.

Weil nun ihr Mann eine nicht unproblematische Hüftoperation hinter sich hat und noch auf absehbare Zeit mit Schwierigkeiten zu kämpfen hat, wird Eva einige Zeit lang seinen Part übernehmen müssen und Gerd wird erst einmal den Bürojob erledigen. »Das schaffst du schon«, meint er aufmunternd. Er weiß nicht wie ausgeprägt diese Furcht bei seiner Frau ist, alles, was er weiß ist, dass sie die Höhe »nicht so gerne mag«. Na, das wird kein größeres Problem sein, denkt er sich – und liegt damit vollkommen falsch.

Akrophobie – Von Goethe zu Hitchcock

Offen gestanden graust es Eva schon bei dem bloßen Gedanken, mit Puddingknien eine Leiter oder ungesicherte Treppe zu besteigen. Der wahre Horror aber fängt an, wenn sie »oben« auf der Plattform oder auf dem Gerüst ist. Mit dieser Angsterscheinung ist sie in prominenter Gesellschaft: Schon Goethe bekam einen Angstanfall, als er auf dem Turm des Straßburger Münsters stand. Er wäre nicht ein Mann der Tat gewesen, hätte er nicht versucht, sich selbst von diesem hemmenden und beängstigenden Gefühl zu befreien. So ist überliefert, dass Goethe seine »Angstkapazitäten« sozusagen trainierte, indem er es immer wieder versuchte, bis er schließlich die schwindelnde Höhe des Münsters sukzessive meistern konnte. Er hatte sich sozusagen selbst therapiert, indem er instinktiv das Richtige tat. Er setzte sich schrittweise der beängstigenden Reaktion aus sowie einer schrittweisen Gewöhnung und Steuerung der überwältigenden Angstgefühle.

Auch Churchill soll darunter gelitten haben. Die geheimnisvolle Blonde aus Hitchcocks »Vertigo« (der lateinischen Bezeichnung für Höhenangst) verkörpert zugleich Phobie, Lockung, Verführung und tödliche Gefahr James Stewarts: des Mannes, der im Film unter Höhenangst leidet und auch deshalb in einen Nerven zerrüttenden Kriminalfall verwickelt wird.

Eine häufige Störung

Eva braucht, um mit den Nerven am Ende zu sein, nun wirklich keinen Alfred Hitchcock – das geht ganz von alleine, wenn sie sich in der Höhe befindet. Was »passiert« eigentlich Menschen, die an dieser Angststörung leiden? Was geht in den Betroffenen vor? Das sind übrigens nicht wenige! Achten Sie doch einmal darauf, wie vorsichtig und gehemmt, mit sichtlichem Schauder und gleichzeitiger Faszination sich die Besucher des Empire State Buildings, des Eiffelturms oder des schiefen Turms von Pisa auf der obersten Plattform verhalten.

Angst erzeugt Standunsicherheit

Der Höhenschwindel sei ein Angstanfall, so der Mediziner und Angstforscher Karl König in seiner Studie »Angst und Persönlichkeit«. Die Angst sei es, die das Gefühl der nahenden Ohnmacht oder des Schwindels erzeuge und nicht umgekehrt. Der Höhenschwindel setzt überdies die reale Möglichkeit zu fallen voraus, das heißt, er tritt selten in geschlossenen hohen Räumen, beispielsweise Restaurants auf Fernsehtürmen auf. Typische Plätze hingegen sind Aussichtsorte, Brücken, Hochhäuser. Auch wenn die meisten dieser Plätze durch ein Geländer gesichert sind, so ändert das wenig an der Angst: Über ein Geländer kann man sich schließlich weit und weiter vorbeugen.

Warum sollte jemand denn einem – potenziell tödlichen – Fall aktiv nachhelfen, es sei denn in lebensmüder Absicht? Warum sollte ein vernünftiger Mensch springen wollen oder das unwiderstehliche Bedürfnis dazu verspüren? Oder möchte er sich vielleicht einen freien Fall, freien Flug vorstellen? Und weiter gedacht: Was sucht er, wenn er sich diesen Flug ins Bodenlose vorstellt?

Ich kann fliegen

… und ich habe diese Gedanken unter Kontrolle. Es gibt Menschen, die sich der Vorstellung, fliegen zu können, pfeilschnell wie ein Mauersegler schroffe Gebirgswände hinabstürzen zu können, mit großem Genuss hingeben und dabei keineswegs weiche Knie oder Herzrasen bekommen. Diese Menschen haben eine ebenso lebhafte Phantasie wie die anderen, aber sie können diese kontrollieren. Sie haben keine akrophobische Struktur, weil sie sich der »Steuerung« quasi sicher sein können. Die große und verlockende Vorstellung vom Fliegen wird sich nicht »verselbständigen« und gegen ihren Willen von ihnen Besitz ergreifen. Der Nervenkitzel des Freeclimbers, sich frei, allenfalls durch ein Seil gesichert und hoch konzentriert inmitten einer ursprünglichen Natur zu bewegen, die einem in mancherlei Hinsicht Überlebenstechnik abverlangt – ist für viele Akrophobiker eine Quelle existenzieller Angst: ungesichert, allen (eigenen) Einflüssen und Impulsen ausgeliefert, der Boden unter den Füßen stets in Gefahr.

Der Sog ins Bodenlose

Bei manchen Menschen äußert sich diese Angst in großer Höhe, sagen wir auf dem Balkon eines mehrstöckigen Hauses, in einer Art Verschmelzungstendenz. Sie wünschen sich aufzugehen in einem bodenlosen Nichts, das sie ebenso sehr abschreckt wie ungeheuer anzieht. Natürlich ist es nicht so, dass diese Menschen tatsächlich sterben wollten – aber dieser seltsame Sog, der von einem Abgrund auszugehen scheint, ängstigt sie und hält sie gleichermaßen in seinem Bann, so dass sie sich wie im Spiel weit über Brüstungen beugen. Auch kann dies in manchen Fällen eine Sehnsucht, sich mit der Mutter (Erde) zu vereinigen, dort Geborgenheit zu finden und zu ruhen sein. Dieser »Wunsch« kann natürlich auch aggressive Züge in sich bergen: sich zurückzuziehen vor der Welt, vor einem allzu fordernden Partner in einen Zustand kindlichen Rückzugs ins buchstäblich Grenzenlose zu gelangen oder ähnliches.

Ursprung

Eva fühlt sich in großer Höhe sehr unwohl, was sich auch in ihrem Körpergefühl äußert. Sie fühlt sich ausgeliefert und allzu durchlässig, sie hat das Gefühl sich schlecht oder gar nicht bewahren zu können. Dies wird deutlich an dem Gefühl, keinen festen Boden unter den Füßen zu haben, nirgends einen Halt und Schutz vor dem gähnenden Abgrund. Das Gefühl einer drohenden Ohnmacht oder eines schlafwandlerischen Zustands ist nicht weit.

Das erste Mal erlebte Eva dieses Gefühl als Vierzehnjährige während der Überquerung eines Passes nach Italien. Eva war, wie alle anderen Familienmitglieder auch, begierig, auszusteigen und sich die grandiose Natur anzusehen. Doch es befiel sie ein so fürchterlicher Schwindel und zugleich ein starker Drang nach Auflösung, dass sie ihren Körper nicht mehr als konkret sondern als diffus empfand. Von einem Moment zum anderen fürchtete sich Eva so sehr, dass sie stocksteif stehen blieb und sich kaum mehr artikulieren konnte. Ihr Vater fand es komisch, dass das sportliche und patente Mädchen auf einmal so »zickig« wurde und nur mit Gesten zu verstehen gab, sie dächte gar nicht daran, auf dem Pass ein Picknick zu machen. Doch Eva war regelrecht übel. Die Panik legte sich erst allmählich, als sich das Auto wieder die Serpentinen herunterschraubte und der rettende Boden wieder näher kam.

In der Angst wird man sich fremd

Dieses Angsterlebnis war ein Schock, weil es scheinbar so gar nichts mit ihrer Person zu tun hatte. Passstrassen *ertrug* sie seither Zähne knirschend, einen Ausblick in diese Täler mied sie und starrte auf das Armaturenbrett oder in ein Buch. »Jetzt stell dich doch nicht so an, Mädchen«, hatte ihr Vater gesagt, »sieh doch der herrliche Anblick!« Er lachte und sang am Steuer, während er sich über die Schönheit der Berge verbreitete. Jedes Mal versuchte Evas Mutter ihren Mann zu bremsen, weil sie im Rückspiegel Evas panisches Gesicht sah und ihr das

Mädchen leid tat. Mit Worten war da nichts zu machen, also fuhr man im nächsten Jahr an die Ostsee und das Kapitel schien beendet. Nur Eva wusste, dass davon etwas zurückgeblieben war, was sich auf Aussichtstürmen, auf Wendeltreppen und später bei der Bauleitung unangenehm bemerkbar machte. Sich einmal derart ohne Begrenzung wahrgenommen zu haben, wobei ihre Identität (»Ich bin Eva und das ist mein Körper«) sich für kurze Zeit verwischte, blieb prägend – und auch die Furcht, dass sich das wiederholen könnte.

Persönlichkeitsstuktur

Eva kann vieles – aber sie kann zum Beispiel kaum »Nein« sagen. Es fällt ihr sehr schwer, sich gegenüber emotionalen Forderungen ihrer Mitmenschen abzugrenzen und ihr Terrain zu behaupten. Sie ist eine nachgiebige und weichherzige, verletzliche Frau, die sich auch als ein Teil der Welt und Natur fühlt, die sie sehr liebt und die ihr Ruhe und Inspiration zu geben vermag. Viele ihrer Freunde wundern sich, dass sie für jede Sorge ein offenes Ohr hat und auch sichtlich mitleidet. »Ich kann mir eben alles so gut vorstellen«, sagt sie, wenn ihr Mann einfach nicht verstehen kann, dass sie über eine Unfallmeldung in der Tageszeitung weint. »Du machst dich nur verrückt damit, wenn Du bei allem emotional so teil nimmst, stell dir nur einmal vor, du wärst ein Arzt.« »Lieber nicht«, erwidert Eva.

Eva ist froh, dass sie einen Mann und Partner hat, der in vielen Dingen das genaue Gegenteil von ihr ist: vital, wenig ängstlich, dafür in sozialer Hinsicht nicht ganz so begabt wie sie. Bei der Arbeit ergänzt dieses Paar sich hervorragend: kreatives Potenzial, ästhetische Kriterien und technischer Verstand finden in diesem Team zu einer sehr produktiven Einheit. Natürlich ist die Zusammenarbeit nicht immer leicht, hin und wieder sogar ein Kampf ums Detail. Auch sonst sind die beiden seit einigen Jahren miteinander glücklich, nach Evas äußerst schmerzlicher Scheidung, die ihr noch heute große Schuldgefühle bereitet. Während der Trennungsphase und Scheidung war Eva depressiv verstimmt und sie traute sich den ganzen Sommer über nicht auf ihren Balkon im vierten Stock. Es war schon vom Fenster aus ein unwiderstehliches Gefühl, hinunter zu sehen und beschwert wie sie war, sich in eine (gefährliche) Schwerelosigkeit zu phantasieren…

Ich möchte etwas ändern

Eva soll, wie wir wissen, mindestens für ein paar Monate die Bauleitung zu übernehmen. Einerseits freut sie sich sogar auf diese Herausforderung – wenn die lästige und sehr irrationale Angst nicht wäre! Eva spürt deutlich, dass es nur diese Angst ist, die ihr die Sache so vergällt. Und sie schließt daraus ganz richtig: »Wenn dieses Gefühl von Schwindel und Unsicherheit in mir so mächtig ist, dass es mir meine geliebte Arbeit verleiden kann – dann wird es etwas mehr sein, als dass ich bloß ein Angsthase bin. Vielleicht sollte ich mich damit konkreter beschäftigen? Dazu half ihr auch eine Goethe-Biografie, in der von seiner Selbsttherapie auf dem Straßburger Münster die Rede war. So fühle ich mich in solchen Situationen auch, dachte sie – und vielleicht sollte ich mich um eine therapeutische Hilfestellung bemühen. Vielleicht genügen ja ein paar Stunden und ich kann der Bauleitung einigermaßen gefasst ins Auge sehen.«

Wenn Eva nur die Höhenangst hätte, wäre ihr eine Konfrontationstherapie zu empfehlen. Es fällt ihr schwer ›Nein‹ zu sagen, sich abzugrenzen. Zwischen diesem Problem und ihrer Höhenangst besteht ein Zusammenhang, der allerdings nur in einer tiefenpsychologischen Therapie zu klären ist. Eva wird vermutlich feststellen, dass sie große Verschmelzungswünsche mit der Natur hat. Sie möchte in die Arme der Natur fliegen und die Höhenangst ist ihre einzige Chance, dieser Sehnsucht nicht nachzugeben. Sie muss im konkreten und übertragenen Sinn verstehen und lernen, Nähe zu spüren und gleichzeitig fest auf ihren Beinen zu stehen.

Adressen

Beratungsstellen und Selbsthilfegruppen:

DASH – Deutsche Angststörungenhilfe und Selbsthilfe
c/o MASH Münchner Angst-Selbsthilfe e.V.
Gerhard Schick
Bayerstraße 77 a
80355 München
Telefon (089) 543 80 80
Fax (089) 54 40 37 76

Agoraphobie e.V.
– Beratungsstelle bei Angst, Panik und Phobien
Taunusstraße 5
12161 Berlin
Telefon (030) 851 58 24

Internet:

Diese Seiten sind nicht im einzelnen geprüft und stellen daher auch keine Empfehlung seitens der Autorin dar. Es handelt sich dabei oft um engagierte Seiten Betroffener mit vielen Links, Lektüre- und Kliniktipps.

www.angst-auskunft.de
www.angsthasen.de
www.wbpaterok.de
www.web4health.info de
www.paniker.de
www.panik-attacken.de
www.angsthilfe.com
www.angst-und-depri.info
www.angstzentrum-berlin.de
www.zahnarzt-angst-hilfe.de

Literatur

K. König, *Angst und Persönlichkeit*. Göttingen 1993

D. Wolf, *Ängste verstehen und überwinden*. Mannheim 2001

L.W. Schmid, *Klausuren und Prüfungen ohne Ängste schreiben. Mit gezielten Strategien Prüfungsängste überwinden*. Norderstedt 2000

F. Riemann, *Die Grundformen der Angst. Eine tiefenpsychologische Studie*. München 1975

J.-U. Rogge, *Kinder haben Ängste*. Reinbek 1997

G. Ennulat, *Ängste im Kindergarten*. München 2001

H. Karsten, *Keine Angst vor der Angst. Ängste im Lauf unseres Lebens*. Darmstadt 2004

Bibliografische Information der Deutschen Bibliothek
Die Deutsche Bibliothek verzeichnet diese Publikation in der Deutschen Nationalbibliografie; detaillierte bibliografische Daten sind im Internet über http://dnb.ddb.de abrufbar

Kreuz Verlag GmbH & Co. KG Stuttgart
Verlagsgruppe Dornier
Postfach 80 06 69, 70506 Stuttgart

www.kreuzverlag.de
www.verlagsgruppe-dornier.de

Umschlaggestaltung: P.S. Petry & Schwamb, Agentur für Marketing und Verlagsdienstleistungen, Freiburg
Umschlagbild: © ZEFA/Jon Feingersh
Foto der Autorin: © Teutopress/Patrick Poch
Satz: de·te·pe, Aalen
Druck: Clausen & Bosse, Leck

ISBN 3-7831-2450-6